JN025348

川畑直人・大島剛・郷式徹［監修］
公認心理師の基本を学ぶテキスト

7

知覚・認知心理学

「心」の仕組みの基礎を理解する

萱村俊哉・郷式 徹［編著］

ミネルヴァ書房

公認心理師の基本を学ぶテキスト
監修者の言葉

本シリーズは，公認心理師養成カリキュラムのうち，大学における必要な科目（実習・演習は除く）に対応した教科書のシリーズです。カリキュラム等に定められた公認心理師の立場や役割を踏まえながら，これまでに積み上げられてきた心理学の知見が，現場で生かされることを，最大の目標として監修しています。その目標を達成するために，スタンダードな内容をおさえつつも，次のような点を大切にしています。

第一に，心理学概論，臨床心理学概論をはじめ，シリーズ全体にわたって記述される内容が，心理学諸領域の専門知識の羅列ではなく，公認心理師の実践を中軸として，有機的に配列され，相互連関が浮き出るように工夫しています。

第二に，基礎心理学の諸領域については，スタンダードな内容を押さえつつも，その内容が公認心理師の実践とどのように関係するのか，学部生でも意識できるように，日常の生活経験や，実践事例のエピソードと関連する記述を積極的に取り入れています。

第三に，研究法，統計法，実験等に関する巻では，研究のための研究ではなく，将来，公認心理師として直面する諸課題に対して，主体的にその解決を模索できるように，研究の視点をもって実践できる心理専門職の育成を目指しています。そのために，調査や質的研究法の理解にも力を入れています。

第四に，心理アセスメント，心理支援をはじめとする実践領域については，理論や技法の羅列に終わるのではなく，生物・心理・社会の諸次元を含むトータルな人間存在に，一人の人間としてかかわる専門職の実感を伝えるように努力しています。また，既存の資格の特定の立場に偏ることなく，普遍性を持った心理専門資格の基盤を確立するよう努力しています。さらに，従来からある「心理職は自分の仕事を聖域化・密室化する」という批判を乗り越えるべく，多職種連携，地域連携を視野に入れた解説に力を入れています。

第五に，保健医療，福祉，教育，司法・犯罪，産業といった分野に関連する心理学や，関係行政の巻では，各分野の紹介にとどまるのではなく，それぞれの分野で活動する公認心理師の姿がどのようなものになるのか，将来予測も含めて提示するように努力しています。

最後に，医学に関連する巻では，心理職が共有すべき医学的知識を紹介するだけでなく，医療領域で公認心理師が果たすべき役割を，可能性も含めて具体的に例示しています。それによって，チーム医療における公認心理師の立ち位置，医師との連携のあり方など，医療における心理職の活動がイメージできるよう工夫しています。

心理職の仕事には，①プロティアン（状況に応じて仕事の形式は柔軟に変わる），②ニッチ（既存の枠組みではうまくいかない，隙間に生じるニーズに対応する），③ユビキタス（心を持つ人間が存在する限り，いかなる場所でもニーズが生じうる），という３要素があると考えられます。別の言い方をすると，心理専門職の仕事は，特定の実務内容を型通りに反復するものではなく，あらゆる状況において探索心を持ちながら，臨機応変に対処できること，そのために，心理学的に物事を観察し理解する視点を内在化していることが専門性の核になると考えます。そうした視点の内在化には，机上の学習経験と「泥臭い」現場の実践との往還が不可欠であり，本シリーズにおいては，公認心理師カリキュラムの全科目において，学部生の段階からそうした方向性を意識していただきたいと思っています。

公認心理師の実像は，これから発展していく未来志向的な段階にあると思います。本シリーズでは，その点を意識し，監修者，各巻の編集者，執筆者間での活発な意見交換を行っています。読者の皆様には，各巻で得られる知識をもとに，将来目指す公認心理師のイメージを，想像力を使って膨らませていただきたいと思います。

2019年２月

監修者　川畑直人・大島　剛・郷式　徹

目　　次

第Ⅱ部　認　　知

序 章　知覚・認知心理学の目的と概要

郷式　徹・萱村俊哉

1　知覚心理学・認知心理学を学ぶ意味と必要性

1-1　生物―心理―社会モデルと心理学

本書では第Ⅰ部が知覚心理学，第Ⅱ部が認知心理学という構成になっている。知覚心理学では主に，ヒトが外部の刺激や状況を情報として取り入れる仕組みについて見ていく。知覚（された情報）は思考や記憶の対象となる。認知心理学ではそうした記憶や思考といった情報処理の仕組みについて取り上げている。

知覚心理学や認知心理学を学ぶ意味や必要性は何だろうか。公認心理師（を目指す人）にとっては，心の専門家として心理職が対象とする「心」の仕組みについて扱うのが知覚心理学と認知心理学である。もし，自らの専門領域の対象に関する法則性や仕組みを知ることがなければ，たんに自らの経験にもとづいて，もしくは師匠や先輩の言説を無批判に受け入れてものごとに当たるしかない。そして，それを専門家と呼ぶことは難しい。

現在，心理学や医学の領域では，人間を「生物・心理・社会」的存在として統合的に見ようとする**生物―心理―社会モデル**（bio-psycho-social model）が支持されている。このモデルは，当初，ジョージ・エンゲル（George Engel, M.）によって医療分野における生物医学（biomedicine）モデルに代わる概念として提唱された（Engel, 1977）。そして現在では，心理，教育，司法，矯正など幅広い分野で注目されている。とくに，精神疾患や精神障害を含む人間の心理的問題を理解するために，生物・心理・社会という側面を個別に考えるのではなく，それらの多様な側面から検討し，総合的にかかわることが必要だと考えられている。知覚心理学や認知心理学は「生物・心理・社会」のうち主に生物・心理の部分を担うものである。さらに，現在では，知覚や認知が社会的経験や文化の影響を受けることも明らかにされてきており，「社会」の領域にもその興味を広げてきている。

心理職を目指すわけではない人にとっても，知覚心理学や認知心理学を学ぶことは，自身の毎日の生活を新たな視点で見ることに始まり，社会で起こっているできごとや社会の仕組みに関して生物―心理―社会モデルの観点から見るきっかけとなるだろう。

1-2 科学としての心理学

知覚心理学においても認知心理学においても，どんな対象（情報）をどのような仕組みで処理しているか，という話が中心となる。このような仕組みの説明の中には，脳や神経系についての話もかなり多く出てくる。そのため，知覚心理学や認知心理学に理系的な印象をもつ読者もいるかもしれない。日本では心理学が文系の学部に設置されていることが多く，私立大学では受験科目として数学や理科を選択する必要がないことが普通である（実際に，心理学を専攻すると**心理学実験**と**心理学統計法**が必修であることに衝撃を受ける学生も多い）。そのため，心理職を目指す人の中にも人間の行動や心理現象とそうした現象を説明するモデルの記述を中心とする知覚心理学や認知心理学に興味を持てない人はいるだろう。

現代の科学は哲学から派生してきた。科学の定義には様々なものがあるが，その成立には，「ある現象がなぜ生じるのか？」という現象の理由（だけ）を考えることから「ある現象がどのように生じるのか？」という現象の仕組みを観察することへのパラダイムの変化がある。ここでは，現象の仕組み（その現象がどんな仕組みで生じるのか？）を説明することが，現象の理由（因果関係：何が原因でどんな現象が起こるのか？）を説明することと等価である。そのため，心理学が科学である（科学を目指す）以上，「なぜ私たちには物がこんなふうに見えるのか？」「なぜ，ものごとを覚えたり，忘れたりするのか？」といった疑問に対して，物を見る仕組みや記憶の仕組みの解明を目指すことになる。

自分の目指しているのは心理職であって，科学者ではない，と思う人もいるかもしれない。しかし，現在の心理職は実践性だけでなく，心理学研究者としての科学性ももつことが求められている。これは1949年にアメリカで開かれたボルダー会議において確立された心理職の専門性を示す**科学者—実践者モデル**（scientist-practitioner model）と呼ばれる理念である。したがって，心理職を目指す者として，心理的な支援のために「なぜ幻覚が生じるのか？」や「認知症の患者がよく知っている場所で道に迷うのはなぜか？」といったことが知りたいならば，理由を想像するのではなく，「幻覚が生じる仕組み」や「ものごとを忘れてしまう（思い出せない）仕組み」を知る必要がある。そして，そのためには正常な知覚や一般的な記憶の仕組みを知る必要がある。

2　知覚心理学と認知心理学の歴史

2-1　精神物理学の影響

心理学はヴント（Wundt, W.）が1879年にドイツのライプチヒ大学にはじめての心理学研究室を創設したのが始まりとされている。しかし，それ以前に，物理的世界と心理的世界の間の関係を測定できると考えたフェヒナー（Feshner, G. T.）によって，知覚の弁別閾といった精神物理学的測定法が開発され，**精神物理学**（**心理物理学**）が成立してきていた。精神物理学は，生理学や解剖学の進展の中で色の三原色説を唱えたヤング（Young, T.）とヘルムホルツ（Helmholtz, H. L.）や，視覚や聴覚といった感覚の違いは光や音といったそれぞれの刺激に対応する感覚神経の存在によって生じること（ミュラーの法則）を指摘したミュラー（Muller, J. P.）らによる**感覚生理学**の発展を背景としている。それと同時に，精神物理学の発展には「ヒトはなぜ物をこのように見ることができるのか（なぜ物はこのように見えるのか）？」という古来からの哲学的問題が「ヒトは物をどのように見る（知覚する）のか？」という疑問に変わった時代の背景があった。

精神物理学は，ウェーバー＝フェヒナーの法則やスティーブンスのべき法則といった，刺激と感覚との関係を関数として数学的に記述することにたどりついた。一方で，感覚器や神経の生理学的な仕組みが十分にわかっていなかった当時においてはあくまで現象の記述にとどまり，刺激が感覚を生じさせる仕組みを解明するには至らなかった。また，精神物理学は刺激と感覚との関係について，それ以外の要素を除いて記述しようとしたが，刺激の呈示される文脈や感覚を生じる個人の状態や経験の影響を排除することは困難であるとともに，そうした要因を排除しようとしたことこそが，精神物理学が知覚の心理学となることを妨げたと言えよう。ただし，精神物理学の生み出した測定手法は現在の知覚心理学や認知心理学でも用いられているとともに，その研究手法（測定方法）に大きな影響を与えている。また，精神物理学の感覚（の量）を物理的な刺激の量を値とした関数によって表現できるという考え方は，現在の認知心理学に大きな影響を与えている。

2-2　様々な心理学の発展

一方，ヴントに始まる「実験心理学」は自己観察による内観にもとづいた**構成主義心理学**であった。そのため，構成主義心理学における主観的な自己観察という方法の客観性の欠如に対する批判として，**行動主義**が起こってきた。また，主観的な自己観察が意識（上にのぼるもの）しか対象としない（できない）ことに対する批判として，無意識を重視する**精神分析**が起こってきた。さらに，人間の精神を心的要素として分析し，その要素の結合として説明しようとする構成主義の要素的・分析的方法に対する批判として，人間の精神現象を全体的に生き生きとした姿のままでとらえようとする**ゲシュタルト心理学**が起こってきた。

行動主義は，外界の刺激とそれに対する（ヒトも含めた）動物の反応や行動を観察することで，両者の間の法則性を明らかにしようとした。そこでは，生体内の処理過程は外部から観察不可能なために検討の対象とされることはなかった。そのため，生体内の処理過程がどのようなものであるか，何をしているのかについてはブラックボックスのままであった。とはいえ，行動主義においても，ハル（Hull, C. L.）やスキナー（Skinner, B. F.）などの**新行動主義**と呼ばれる立場の研究者らは刺激と反応の直接的な関連に代えて，刺激—有機体（意識・欲求・習慣など）—反応の関係を明らかにしようとして，外部からは観察できない欲求のような構成概念も観察可能な刺激と反応の関係から間接的に定義（**操作的定義**）しようとした。

1950年代になると，そうした新行動主義の流れの中から，観察可能な行動から内的過程，心的構造を推測しようとする**認知心理学**が生まれてきた。また，認知心理学はゲシュタルト心理学の流れから学習者の認知過程と学習者の積極的役割を重視する立場をとった。

2-3　コンピュータのアナロジーと人間の心の仕組み

ゲシュタルト心理学の影響を受けながら新行動主義の中から生まれてきた認知心理学であるが，1960年代以降に認知心理学に大きな影響を与え，その発展を促したのは20世紀後半のコンピュータの開発と進歩である。外部からの刺激（たとえばキー押し）に対して計算処理をして反応（計算結果）を返す機械であるコンピュータの発展は，人間が刺激に対して反応や行動をするとき，その過程でどのような処理をしているのかに注目させた。それとともに，認知心理学で人間の心（情報処理）の仕組みを説明する際に，コンピュータのアナロジーを用いるという手段を与えた。

コンピュータのアナロジーを用いて，人間の心（情報処理）の仕組みを説明してみよう。電卓で「5」「＋」「3」「＝」のキーを順番に押していくと，液晶画面に「8」が表示される。電卓の側から見ると，「キーが押されること」が外界からの刺激である。「キーが押される」という刺激によって，キーごとに違う場所（トランジスタ回路）に電気が流れる。そして，電気の流れ方の組み合わせがメモリに保持される。最後に「＝」のキーが押されると，演算が行われる。具体的には，メモリに保持されたそれまでの電気の流れ方の組み合わせによって，答え（5＋3の場合，「8」）となる回路に電気が流れて，答え（「8」）が表示される。

ヒトの場合，なんらかの物理的刺激（光や音など）が感覚器に触れ，電気信号に変換され，神経を通して脳に送られる。刺激の種類や強さによって，どの神経回路が興奮する（電気が流れる）かが異なる。脳において興奮する神経回路の組み合わせが思考や記憶（過程）であり，最終的に身体的反応や意識（内容）に至る。

外界からの刺激が引き起こした脳の神経回路の興奮の組み合わせの一部は，言葉やイメージとして意識にのぼる。言葉やイメージのように外界からの刺激が心もしくは意識上で変換されたものを表象と呼ぶ。なお，知覚を通してもたらされるものだけが表象ではない。たとえば，黒い部分が水玉模様のパンダを想像してみよう。意識にのぼった水玉のパンダのイメージは想像上のもので，外界に実際の刺激（水玉のパンダ）があるわけではない。このように思考や想像もしくは記憶の想起による脳の活動から生じる神経回路の興奮の組み合わせも意識上に表象を生み出す。

人間の知覚や認知を電卓と対応させてみる。電卓においてキーが押されたことを電気信号に変換する過程は，目や耳や鼻などの感覚器において光や音や匂い物質（分子）を感覚細胞で電気信号に変換する過程に対応する。次に，電卓では押されたキーごとに異なる電気の流れ方の組み合わせがメモリに保持される。また，同時に液晶画面上には押されたキーにしたがって表示がされる（たとえば，「5」のキーを押すと，液晶画面に「5」が表示される）。電卓に比べてヒトの脳は複雑なので，感覚器から脳に送られてきた電気信号は莫大な数の神経回路を通っていく。電気信号が神経を通っていくことを「神経の興奮」と呼び，どの神経のつながりが興奮したかが，刺激が何であるかという表象を生み出す。なお，多くの神経の興奮は意識上にのぼらないが，これは無意識下での情報の保持や処理である。すなわち，ヒトの意識上の表象は電卓の液晶上の表示に対応し，無意識下での情報の保持や処理は電卓のメモリの働きに対応する。さらに，ヒトは意識上で表象を操作する。この表象の操作が思考である。なお，思考においても意識上で行われている表象の操作はその一部に過ぎず，無意識下で多くの処理が行われている。思考の過程に対応する電卓の処理は，「＝」のキーが押された際の演算がそれにあたる。電卓の演算は（機械なので当然だが）特定の回路に電気が流れることによって行われる。そして，人間の思考（だけでなく記憶の想起や知覚）も脳の神経回路に電気が流れる，すなわち神経回路が興奮することによって生じる。さらに，そうした意識（思考，記憶の想起，知覚）の延長上になんらかの反応・行動が生じる場合がある。

2-4　電卓と人間の違い

このように電卓と人間の知覚・認知は似ている。しかし，全ての電卓が（故障していない限り）「5＋3」という入力（外部からの刺激）に対して「8」という同じ正しい答え（反応），すなわち，論理的な反応を返すのに対して，人間は（論理的には）間違った反応をしたり，同じ刺激に対しても人によって異なる反応をする。

人間が（論理的には）間違った反応をするのは，通常の生活ではその方が効率的だったり，都合がよかったりするからである。たとえば，人間の視覚は目の奥の網膜に映った二次元の映像から立体的な知覚像（表象）を取り出している。ただし，網膜上の映像には奥行きの情報はないので，映像上の手がかり（遠くの物は小さく見える，など）や左右の眼球の角度の違いなどを用いた推測によって奥行きを生み出している。そのため，実際には奥行きのない二次元上の映像（刺激）に対しても奥行きを示すような手がかり（たとえば，透視図法などの遠近法）があると，立体的に見ようとする。こうして生じるのが目の錯覚（**幾何学的錯視**）である（第1章参照）。効率的に外界の情報を得るための知覚のメカニズムはこうした錯覚をもたらすこともあるが，日常生活では通常うまく働いている。

また，人間の場合，それまでのその人自身の経験が記憶の想起や思考といった情報の処理に影響や偏りをもたらす。たとえば，500円玉の大きさを思い出す際に豊かな家庭の子どもは実際の大きさをほぼ正しく思い出すことができるが，貧しい家庭の子どもは実際の大きさよりも大きく思い出す（Bruner & Goodman, 1947）。こうした個人的経験の処理への影響は電卓のような単純な機械にはないが，より複雑な人工知能（AI）の場合にはありうる。たとえば，Amazon などのオンラインショッピングのサイトで出てくるおすすめ商品（の広告）を考えてみればよい。サイトで出てくるおすすめ商品はその人の購入や閲覧の履歴にもとづいて，その人が欲しがりそうな（買いそうな）品物が表示される。購入や閲覧の履歴が（人間の）経験にあたり，その履歴（経験）によって表示される品物（人間においては表象もしくは反応・行動）が変わる。なお，途中の処理はなんらかのプログラム（アルゴリズム）となっているが，それは消費者には見えない。

さらに，人間には個人のレベルを超えて，進化の過程で獲得してきた知覚や認知の偏りがある。たとえば，目の錯覚（幾何学的錯視）はそうした偏りの一種である[1]。機械に置き換えると，消費者それぞれにその人の購買や閲覧の履歴に合わせてどのような商品を呈示するかというプログラム（アルゴリズム）が人間の知覚や認知の仕組みにあたり，そうしたプログラムの開発の歴史がヒトの進化の過程に対応するだろう。

現在の知覚心理学や認知心理学は，心（情報処理）の仕組みを個体内部のメカニズムとしてだけではなく，社会や文化を含めた相互的なシステムとしてとらえようとしている。

3　本書の構成

3-1　知覚現象の発生メカニズム

本書は，大きく分けると，知覚に関する第Ⅰ部と認知に関する第Ⅱ部から構成されている。第Ⅰ部は知覚心理学の基礎的な内容を扱っている。具体的には，

➡1　幾何学的錯視はほぼ全ての人に生じるため生理学的な側面が強いが，文化差が存在することから，経験の影響がないわけではない。

視覚（第1章），聴覚（第2章），体性感覚（第3章），味覚・嗅覚（第4章）といった感覚・知覚のメカニズムに加え，知覚の異常（第5章）にも言及している。

前述のとおり，生理学の一分野に，目や耳など感覚受容器の機能，神経の電気信号の伝達，および大脳皮質における信号の受容の一連の過程を検討する**感覚生理学**という学問がある。この感覚生理学は内容的に知覚心理学と重なる部分が多いが，両者はその目的において異なっている。すなわち，感覚生理学が感覚の生理機序の解明を目指すのに対し，知覚心理学は心理学である以上，心理現象の解明を目的としている。視覚を例に挙げると，感覚生理学では「見える」仕組みに焦点を当てるが，知覚心理学では刺激の違いが見え方に及ぼす影響に焦点を当てるのである。

つまり，知覚心理学は，生理（生物）要因だけでなく，社会文化的要因も視野に入れ，人間の様々な知覚現象の発生メカニズムの解明を目指す学問である。この点からすると，第1章～第4章において，すぐれて知覚心理学的なテーマと言えるのは，錯視，仮現運動，ストループ効果（第1章），カクテルパーティー効果，音韻修復（第2章），ボディ・イメージ，ボディ・シェーマ（第3章），味覚と嗅覚の相互作用（多感覚相互作用）（第4章）ということになろう。こうした知覚現象にも，第Ⅱ部で扱われる認知機能ほどではないだろうが，個人差が存在することを忘れてはならない。

個人差に関しては，極端な例かもしれないが，なんらかの病的な状態において通常とは異なる知覚が見られる。第5章ではこうした知覚の異常を扱っている。たとえば，**自閉スペクトラム症**（Autism Spectrum Disorder：**ASD**）の人でよく見られる感覚過敏や鈍麻である。他にも，病的な錯視のパレイドリア，外在するものがないのに意味あるものが見える幻視，ボディ・シェーマの異常としての幻影肢，そして，様々な失認症など，多彩かつ多様な知覚の異常は心理職を目指す人にとって必須の知識であり，ぜひ修得してほしいものの一つである。

3-2　高次認知機能の役割

第Ⅱ部では認知心理学を扱っている。認知心理学の対象は記憶，思考，推論，問題解決などの人間の**高次認知機能**である。知覚や学習や言語を含むこともあるが，知覚については第Ⅰ部で詳細に扱っている。また，学習や言語については，シリーズの中の『学習・言語心理学』（郷式徹・西垣順子（編著），2019）で扱っていることから本書では取り上げなかった。

記憶はヒトの情報処理過程のあらゆる場面にかかわってくる。「あ」という文字を見たときに「あ」だとわかるのは，この文字に関する知識，すなわち，「あ」についての記憶があり，その記憶と感覚との照合がされているからである。また，昨日どこで何をしたかといった出来事の記憶，やらなければいけない予定の記憶，靴ひもの結び方の記憶などなど，こうした様々な記憶を忘れてしまったり，そもそもそうしたことを記憶できなかったりしたら，日常生活はままならない。さらに，高校の修学旅行での楽しい思い出や全国大会への出場を懸けた試合で負けた悔しさの記憶といったものの積み重ねが，今現在の「私」を形作っており，そうした記憶がなければ，「私」という存在が成り立たなくなってしまう。このように知覚から日々の生活や行動，自己認識に至るまで記憶はヒトの行動のあらゆる場面にかかわってくる。そこで，本書では記憶に関して，二つの章（第6章と第7章）をあてることにした。

記憶にはいくつかの側面もしくは種類がある。そこで，記憶に関する二つの章では，記憶の分類を軸として，第6章では黒板に書かれた文字をノートに書き写すまでの間だけ覚えておくような短期的な記憶を，第7章では長期的な記憶を中心に取り上げた。

ところで，**注意**もヒトの行動のあらゆる場面にかかわっている。知覚においては注意を向けられなかった対象は意識にのぼってこない。そもそもある対象に注意を向けることは意識そのものであるとも言える。そして，意識における情報の処理，すなわち思考においては，どの対象にどのタイミングで注意を向けるかが処理の過程を左右する。また，思い出される記憶は保持されている情報の中で，注意を向けられたものである。さらに，ポジティブな面に注意を向けるか，ネガティブな面に注意を向けるかで自己に対する認識は変わる。どういった側面に注意を向けやすいかは各個人の性格とも言えるが，どういった側面に注意を向けるかがその人の性格を形作っているとも言える。

このように記憶と同様に，知覚から日々の生活や行動，自己認識に至るまで，注意はヒトの行動の様々な場面にかかわってくる。注意はヒトの知覚や認知の様々な場面にかかわってくる一方で，ヒトの情報処理の多く，いや，多くというよりほとんどは，注意を向けられることなく無意識下で行われている。また，学習，とくに技能の習得は，注意を向けなければ行うことができない行動を，できるだけ少ない注意で，もしくは注意を向けずに自動的に行うことができるようにすることだとも言える。つまり，ヒトの知覚や認知に関して，注意はあらゆる場面にかかわり重要だが，一方で注意を要することなく行われる処理も多く（というより人間の情報処理の大半を占めると思われる），また重要である。本書では「注意」に関する章を設けていないが，それは注意が，「注意」を要する／要しないにかかわらず知覚や認知のあらゆる面に関係するために，知覚や認知の各側面をテーマとした全ての章で，その章のテーマとかかわる形で普遍的に取り上げられるべきであると考えたためである。

私たちはつねに対象に注意を払い記憶と照合しているが，その上で目標を達成するためにより高次の認知機能として思考や推論を行っている。すでに述べたように人間はつねに合理的な判断や推論を行うわけではない。第８章では，人間が様々な情報を元にどのような推論を行うのかについて解説する。ところで，私たちが直面する課題には答えが一つに決まらないものも数多くある。また，答えがあるとしても，論理的な道筋をたどっていては答えにたどり着くのに（人間の処理能力では）時間がかかりすぎるものもある。そうした場合には，人間は経験則などにもとづいて効率的に解決する方法（**ヒューリスティクス**）を用いることがある。第９章では，人間の問題の解決や判断，意思決定の心理について述べられている。

ところで，私たちはそれぞれが異なった存在であるが，認知に関しても個人差がある。コンピュータのような機械の場合，その違いとは基本的には処理スピードや記憶容量の違い，すなわち能力の違いとみなせる。しかし，人間の場合，思考や推論のやり方についても個々に違いがある。第10章では，そうした認知処理の違いについて**認知スタイル**と呼ばれる概念や，認知の個人差として注目されつつある**実行機能**について見ていく。

人間の注意，記憶，思考には生得的なものだけではなく，生まれ育った文化・社会の影響による個人差があり，また，個人の中でも経験や加齢による変化がある。ただし，そうした個人差も偏りが大きくなりすぎたり，機能が障害されたりすることによって社会的な機能不全に陥ることがある。第11章では，そうした注意，記憶，思考の障害に起因する精神医学的な疾患について，生物—心理—社会モデルを念頭に解説する。

引用文献

Bruner, J. S., & Goodman, C. C. (1947). Value and need as organizing factors in perception. *Journal of Abnormal and Social Psychology, 42*, 33-44.

Engel, G. L. (1977). The need for a new medical model: A challenge for biomedicine. *Science, 196*, 129-136.

第Ⅰ部

知　覚

第1章　視　　覚
——私たちは何をどう見ているのか

三好智子

私たちは普段，とくに意識することなく文字やものを見ている。この見ることを**視覚**という。当たり前に生活できているのも視覚の機能が備わっているからである。しかし，私たちは年齢を重ねてくると視覚機能が低下し，細かい文字が見えにくくなる。この生理現象は一般的に老眼と呼ばれ，普段の生活に支障が出てくる場面がある。他にも視覚機能に障害がある場合や，眼から脳へ情報が送られるその過程に障害があることにより，色がわからない，ものを認識できないなど日常生活をしていく上で不自由さを抱えている人も多くいる。こうした不自由さを感じる，あるいは知ることによって，はじめて私たちは見るということの仕組みに気づくだろう。このような不自由さを理解するためには，まずは視覚の構造やその機能の仕組みについて理解する必要がある。

本章では，ものの見え方の仕組みについて，まずは眼の構造や視覚に関する脳の処理過程を解剖生理学的視点で説明する。次に眼から入った様々な情報をどのようにして脳で処理変換しているのか心理学的視点で説明し，視覚によって現れる私たちが見ている世界について理解を深めていく。

1　視覚系の構造

「どのようにしてものを見ているのか」と疑問をもったことはあるだろうか。私たちが外界からの情報を視覚的にとらえることができているのは，眼球や視神経，視中枢などの視覚系の機能が私たちに備わっているからである。「ものが見える」仕組みについて簡単に説明すると，外界からの情報が光となって眼球に入り網膜上に像を結び，その像の情報が脳で処理されている。このような眼球から脳までの機能の仕組みを**視覚系**と呼ぶ。本節では私たちに備わっている視覚系の構造や眼球から脳までの情報処理過程を説明していく。

1-1 人の視覚システムの仕組み

ものが見える仕組みは，カメラの構造と似ている。私たちの眼はカメラと同様に外界からの光刺激によって情報（対象物となるもの）を得ており，外界からの光刺激を信号に変え，その信号（視覚情報）を映像として脳へ伝える。

眼の構造

外界からの光刺激は角膜，虹彩，水晶体を経て硝子体を透過し網膜に達する（図 1-1）。私たちは，その網膜面に像が結ばれることで，外界からの情報を取り入れる。

角膜は眼の前面を覆う透明な膜であり，光刺激を透過させ屈折させ，そして光の焦点を眼底に結ぶ役割を担う。角膜のすぐ後ろには**前房室**（ぜんぼうしつ）があり，その中

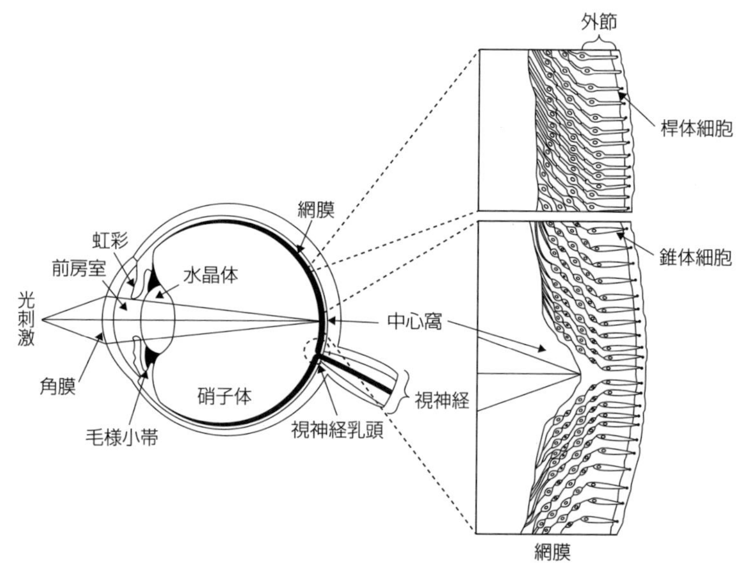

図 1-1 眼と網膜

は角膜や水晶体などに栄養を与える房水で満たされている。

虹彩は眼の色のついた部分であり，眼の白い部分は強膜，虹彩に囲まれた中央の黒い開口部分が瞳孔と呼ばれ，私たちが観察できる眼の部分である。虹彩は，瞳孔散大筋と瞳孔括約筋によって瞳孔の大きさを制御することで，眼に入ってくる光刺激量を調節する役割を担う。

虹彩のすぐ後ろには，**水晶体**が存在している。水晶体は凸状の透明な組織で，角膜と同じように血管が通っていない。近くにある対象物を見る場合，水晶体の周辺にある**毛様小帯**を緩ませることで水晶体を厚くし，反対に遠くの対象物を見る場合，毛様小帯を縮ませることで水晶体を薄くする。このようにして，水晶体は距離の異なる刺激へのピント調節をし，網膜面に倒立像を投映させる役割を担う。

水晶体の後方から網膜までに達する眼球内を満たしている透明なゼリー状の組織がある。これを**硝子体**と呼ぶ。硝子体は，眼球の形を保つ役割や光刺激を網膜まで透過させる役割などを担う。

私たちが外界からの光刺激を取り込む過程をまとめると，光刺激は角膜，房水，虹彩の間（瞳孔），水晶体を経て屈折され，そして硝子体を透過し網膜に到達する。また，網膜面への光刺激の集光のほとんどは角膜によって行われ，角膜は水晶体以上に光刺激を屈折させているが，その形状を変化させることができない。そのため，水晶体が光刺激の屈折量を調整することによって網膜面に像を作る。これらの眼の構造とカメラの構造と比較すると，レンズは角膜と水晶体，加えてピント調節も水晶体，絞りは虹彩に対応する。しかし，光刺激を眼やカメラの内部へ入れただけでは対象物は見えない。像としてとらえるには，網膜の部分，カメラでいうフィルムの部分が必要となる。

網膜と二つの視細胞

眼球の内側を構成している薄い神経組織層を**網膜**と呼ぶ。網膜は，外界からの光刺激を電気信号に変換する役割を担う。網膜面に達した光刺激はこの組織層を透過し，そこで視細胞に吸収され光化学（視物質が光を吸収し化学反応をすること）エネルギーへ変換される。視細胞には，光の強弱を感受する**桿体細胞**

と色を感受する**錐体細胞**(すいたい)の二つの光受容器が存在し，これらは数や形に違いがある。約１億2000万個ある錐体細胞は太い円錐形の突起を，約600万個ある桿体細胞は細い円柱形の突起をそれぞれもつ。これらを**外節**と呼び，外節によって吸収された光化学エネルギーは電気信号へと変換される。

網膜には光受容器が分布しているがその分布密度は一部分だけ密に高く，端に行くにしたがって低くなっていく。夜間視や光の弱い環境下で明暗を認識する役割を果たす桿体細胞は，中心窩（後述）から離れた周辺の網膜面に広く分布している。一方，色を感じる役割を担う錐体細胞は，網膜面の中央の浅い窪みの部分である**中心窩**(ちゅうしんか)と呼ばれる部位に密集している。桿体細胞と錐体細胞のそれぞれの特性と機能については，２節で説明する。

1-2　眼と脳の役割

外界からの光刺激を対象物として見る，あるいは知覚するためには，上下逆転した倒立像ではなく正立像として，さらには対象物の位置や形などの情報を認識する必要がある。カメラの場合，光が当たると化学反応を起こす素材でできたフィルムを光刺激によって化学変化させた後，現像または印刷することで対象物をとらえるが，人の場合は網膜に映し出された二次元の視覚情報を解釈していくという重要な情報処理過程が残っている。

視神経

網膜にある視細胞によって電気信号へと変換された光刺激は，水平細胞を通り，神経節細胞へと伝達される。そして，神経節細胞から出た視神経線維は**視神経乳頭**から視神経となり，眼球から脳へ電気信号が送り出されていく。網膜の視神経の出口部分にあたる視神経乳頭は，網膜の中でも光受容器を含んでおらず，この部位ではものを見ることができない。この部位は**盲点**と呼ばれるが，普段の生活においてその存在に気づくことはほとんどない。

左右それぞれの眼球から出た視神経は**視交叉**で交叉し，左右の視神経が半分ずつ入れ替わり大脳に投射される。つまり，右眼の鼻側網膜の神経節細胞の軸索は大脳の左半球へ達し，反対に左側の鼻側網膜の神経節細胞の軸索は大脳の右半球へ達する。また，左右の耳側網膜の神経節細胞の軸索は交叉せず，大脳の同側に投射される（図1-2）。

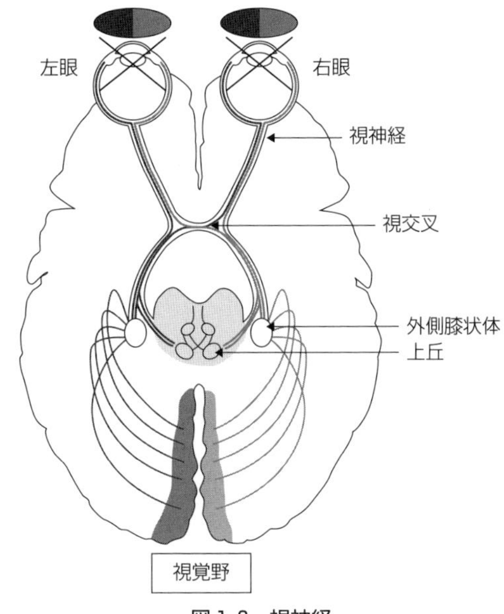

図1-2 視神経

視覚経路

視神経が運んでいる情報は，視交叉を通り過ぎた後，視床の一部である外側膝状体を経て二つの経路をたどる。一つめの経路は，ごく初歩的な対象物の輪郭や動きなどの認識を処理する後頭部にある**第一次視覚野**への経路である。二つめの経路は，対象物がどこにあるか注意し，位置の同定を処理する中脳にある**上丘**への経路である。両経路とも眼から脳へ大量の情報を伝達しており，どちらか一方の経路が壊れてもある程度の視覚は残存する。第一次視覚野の経路に障害を受けた患者の場合，たとえば医師の手の上にある目の前の対象物は何かと患者に問うてもそれが何か認識できないが，医師が対象物をどちらの手に持っているかと問うと対象物のある場所を指し示すことはできる。第一次視覚野の障害のため，対象物が見えない（視覚的意識はない）のに対象物の場所はわかる，という視覚的には意識されていない現象を**盲視**という。

なぜ健常者は対象物を正しく視認しその位置を正しく指し示すことができるのだろうか。第一次視覚野に到達した情報は，①**側頭葉**へ向かう**腹側皮質視覚路**と②**頭頂葉**へ向かう**背側皮質視覚路**の二つの視覚経路を通り，高次な処理が行われていく（図1-3）。腹側皮質視覚路（物体視経路）は，対象物の形状，色，質などの二次元情報から対象物を同定すると考えられており，What経路とも呼ばれる。一方，背側皮質視覚路（空間視経路）は，対象物の位置や奥行き，

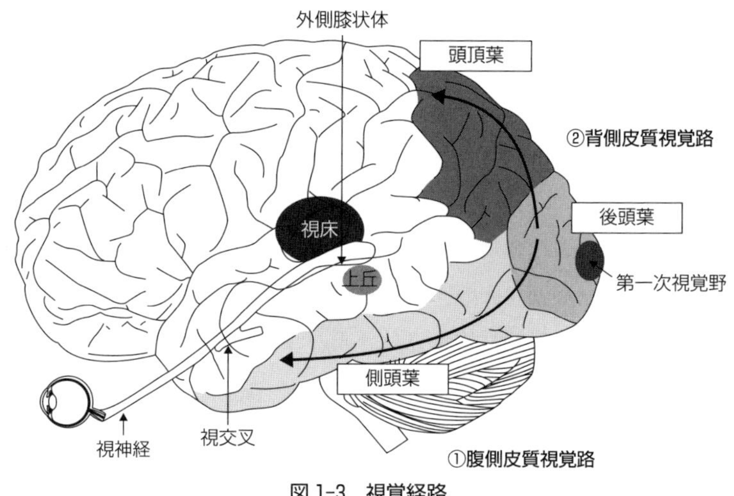

図 1-3　視覚経路

動きなどの空間配置情報を処理するとともに，身体運動とも密にかかわる経路と考えられており，Where 経路とも呼ばれる。これらの情報処理過程を経ることによって，ようやく私たちは対象物を意識的に認識することが可能となり，たとえば「私が手に持っているものは何か」と問われると「それは赤く丸いりんごで，左手に持たれている」と認識でき相手の左手側を指さすことができる。

2　視知覚の世界

私たちは真っ暗な光がない空間ではものを見ることができない。光があってはじめて私たちは，ものの形や色を知覚できる。私たちの視覚系には桿体細胞と錐体細胞の 2 種類の視細胞があり，明るさや色を感受している（1 節参照)。そして，桿体細胞と錐体細胞の光刺激に対する感受の仕方には違いがある。

桿体細胞は，光刺激に対する感度が高いため暗い場所でものを見る際に働く。桿体細胞を使ってものを見るときの視覚を**暗所視**という。一方，錐体細胞は，光刺激に対する感度が低いため明るい場所でものを見る際に働く。錐体細胞を使ってものを見るときの視覚を**明所視**という。暗所視と明所視では，ものの見え方に違いがある。暗所視では色は感じず，ものの動きもとらえにくい。反対に，明所視では色を感じることができ，ものの動きもとらえることができる。

明るさや色の感覚は視覚系の情報処理過程においてもっとも基礎的な部分であり，これらの2種類の視細胞を使い分けることで私たちは様々な光の環境下においてものを見ることができる。

2-1 明るさの知覚

私たちの見ている世界には複雑に入り組んだ光景が展開されている。そのような中で私たちの視知覚が安定して機能しているのは，視覚系の情報処理が外界からの光刺激の変化にうまく適応しているからである。これを**順応**という。たとえば，暗い部屋に突然入ると最初は何も見えないが，徐々に見えるようになってくる。これを**暗順応**と呼ぶ。反対に，薄暗い場所や部屋から明るい場所

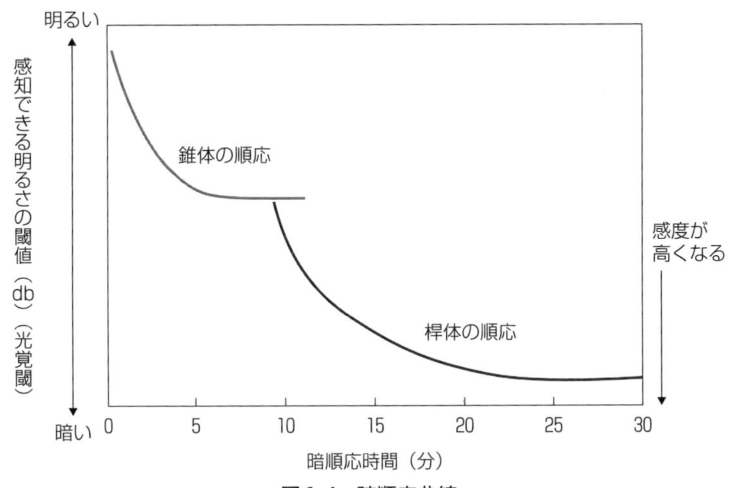

図1-4 暗順応曲線

（注）暗順応実験（Hecht, 1935）では，直前に強い光を観察し十分に明順応した後に暗黒条件下においてテスト光が呈示され，テスト光が呈示されてから観察者が感知できる光の度合（これを閾値という）に調節するまでの時間が測定された。約7分前後に順応レベルが最大になるのが錐体細胞である。その後は桿体細胞が機能し始めることによって再下降し，30分後には桿体細胞も順応レベルが最大となる。

（出所）Hecht（1935）を参考に筆者作成

や外に出た場合，最初はまぶしいと感じるが同じように徐々に慣れてくる。これを**明順応**と呼ぶ。

人は明るさの変化に対して順応する能力を持っているが，変化に対する反応の速さは異なる。一般的に，明順応よりも暗順応の方が順応に時間がかかる。時間変化に伴う暗順応の感度の変化を表した曲線を**暗順応曲線**と呼ぶ（図1-4）。私たちは，明るい所から暗い所への変化に対して，30分間過ごせば十分に暗順応し明るさに適応できる。

2-2　色の知覚

私たちの世界は鮮やかな色にあふれており，おしゃれをしたり交通標識を識別したりと色は日常生活に大きくかかわっている。私たちが色を感じるためにも光が必要である。太陽光は様々な波長の光を含んでおり，地上の物体に光が反射することによって私たちの眼に届く。私たちの見る世界が色鮮やかに見えるのはそれぞれの物体の反射特性が異なり，異なる波長の光が眼に入ってくるからである。

では，人はどのように色を知覚しているのだろうか。明所視では色の識別が可能であり，これは異なる波長の光を吸収する３種類の錐体細胞の働きからなる。３種類の錐体細胞は，それぞれ異なった波長域の光を吸収することによって視物質を含んだ外節部が光を電気信号へ変換する機能をもっている。錐体細胞には**Ｓ錐体**（short-wavelength-sensitive cone：短波長感受性錐体），**Ｍ錐体**（medium-wavelength-sensitive cone：中波長感受性錐体），**Ｌ錐体**（long-wavelength-sensitive cone：長波長錐体）と呼ばれる錐体があり，それぞれ青視物質，緑視物質，赤視物質を介して各錐体が興奮する。そして，各錐体の活動量の強弱が脳に伝えられ色として知覚される。この三つの色光の強度を変え，混ぜ合わせるとほぼ全ての色が知覚される。

たとえば，赤いりんごに光が当たると，りんごの表面では短波長と中波長は吸収され長波長の光が多く反射される。反射された長波長が網膜に届きＬ錐体が強く興奮することで，私たちは目の前にあるりんごが「赤い」と感じる。

この色原理を応用しているのが，テレビやスマートフォン画面やパソコン用モニタであり，これらは3種類の色光を組み合わせることで様々な色を表現している。この青・緑・赤の3種類の色の光の組み合わせは，**ヤング＝ヘルムホルツの三色説**として提唱されている。

3　視覚の特徴

色の知覚と同じように，形が見えることも私たちにとっては当たり前のことであろう。ものの形を見るために，私たちの視覚系は網膜面に映し出された像を処理し解釈している。次の図はどのように見えるだろうか。

■■■■◇◇■■■■◇◇■■■■◇◇■■■■◇◇■■■■

おそらく，■と◇のグループが交互に並んで見えたはずだ。人はばらばらな刺激に対してあるまとまりのある傾向として知覚する。これを**体制化**という。この節では，複雑な時空間の中で安定した世界を作り上げているいろいろな視覚現象について説明していく。

3-1　視覚のパターン認知

私たちは外界にあるものの形が標準的なものとある程度異なっていても，その形が何であるかを認識することができる。たとえば，「A」・「A」・「A」は，「A」と認知できたはずだ。このように，形が様々に変形しているにもかかわらず対象物を正確に同定することができることを**パターン認知**という。パターン認知のおかげで，楷書体はもちろんのこと，ある程度崩された行書体文字を特定したり，友だちの顔を認識し判別したりすることができる。

形は意味をもつが，背景は形をもたず意味のないことが多い。知覚心理学では，形をもつものを「**図**」，形をもたないものを「**地**」とみなしている。知覚される図はその背景となる地から分化し浮き上がって見える。有名な図として**ルビンの盃**があるが，これは一定時間見続けていると図と地が反転して見えて

図 1-5 カニッツアの三角形

くる。このような図形を**図地反転図形**という。人の視覚系は複雑な模様であっても，部分的にまとまりとしてとらえることで形を知覚している。

人の網膜像は二次元情報として映し出されているが，その網膜像には色や形が重なり合ったり動きがあったりと空間的かつ時間的に変化している不完全な情報がリアルタイムに映し出されている。私たちは不完全な視覚情報を受け取りながらも安定した知覚世界を構築していくために，実際に見えている領域から存在しない部分を補って対象を知覚している。そして，この働きを**視覚的補完**と呼び，有名な図形として**カニッツアの三角形**がある（図 1-5）。この図形では，白い三角形があるように知覚されるが，物理的に白い三角形は存在しない。実際には存在しない輪郭線が知覚される現象を**主観的輪郭**と呼ぶ。

3-2 恒常性

外界にある対象物は様々な大きさや色，形や明るさなどをもち，陰影や動きがある。加えて私たち自身も首を傾げたり，歩いたりと能動的に動いており，外界からの刺激はつねに変化している。刻々と変化した外界からの刺激は網膜上に映し出されるが，そのような変化に対して人は対象物がもつ本来の形や色などとできるだけ近いものとして知覚する。このような視覚機能を**恒常性**と呼ぶ。知覚の恒常性は，形や色以外にも大きさや明るさなど様々なものがある。

両手にそれぞれ同じ長さと太さのペンを持ち，右手を左手の倍の距離になるよう腕を伸ばし，片目でペンを見る[1]。右手のペンと左手のペンの大きさはあま

➡1 片目（単眼）にすることで両目（両眼）からよりも得られる情報が少なくなり，ペンを視認しやすくなる。

り変わっていないだろう。しかし網膜上では，右手のペンの大きさは左手のペンの大きさの半分になって映し出されている。このように，見ている対象物の距離が変化することでその網膜上の大きさが変化しても知覚的にはさほど変化しない。これを**大きさの恒常性**と呼ぶ。

このページを斜め上から見ると，網膜上のページの形は長方形から台形の形に変わる。しかしページが台形に変わったとは知覚されず，長方形として知覚される。これを**形の恒常性**と呼ぶ。また，朝でも夜でも白いＴシャツは白く，黒いＴシャツは黒く知覚され，明るさの変化の影響を受けない（**明るさの恒常性**）。さらに，明るい部屋であろうが暗い部屋であろうが赤いりんごは赤いと知覚され，照明の強さの他に照明の色が異なってもりんごの色は同じに見える（**色の恒常性**）。その他にも速さの恒常性，位置の恒常性，方向の恒常性，音の大きさの恒常性などが存在する。

3-3 立体視

対象物を立体的にとらえる視覚機能を**立体視**という。網膜像では縦方向と横方向の二次元情報を映し出しているが，私たちは遠近の情報，つまり奥行き方向を含んだ三次元情報を追加し解釈している。三次元として知覚し対象物の位置を立体的に把握することを**奥行き知覚**という。人は二次元の対象物から，奥行き知覚に関する利用可能な手がかりを取得し三次元の解釈を行う。奥行き知覚の手がかりには，**絵画的奥行き手がかり**と**両眼性奥行き手がかり**がある。

絵画的奥行き手がかり

絵画的奥行き手がかりには，近くにあるものは大きく見え，遠くにあるものは小さく見える「**相対的な大きさ**」や二つ以上の対象物が重なっている際，遮蔽されている対象物の方が奥にあるように見える「**重なり**」あるいは「**遮蔽**」，平行線が遠ざかるほど，その幅が狭くなり一点に収束するように見える「**線遠近法**」，そして「**きめの勾配**」がある。きめとは，表面に見えるものの密度を表し，その密度が高いと遠くに，反対に密度が低いと近くにあるように見える。その他にも，「陰影」や「濃淡」などが手がかりとして考えられている。これらは，一般的に美術の技法の一つとして用いられている。

両眼性奥行き手がかり

両眼性奥行き手がかりには主に両眼視差，輻輳がある。私たちの眼は二つあるが右眼と左眼の網膜に映る像にはズレが生じている。この両眼に映し出される網膜像のズレを**両眼視差**といい，脳はこのズレを利用し距離を測っている。また，近くの対象物を見るときには両眼を内側に，遠くに対象物を見るときには外側に回転することで，対象物を網膜上に固視する。これらの運動を**輻輳**（ふくそう）と呼び，この輻輳運動も奥行き手がかりとなる。

また，**運動視差**も奥行き手がかりの重要な情報の一つである。たとえば，動いている電車の中から外を眺めると，遠くにある木や家などはゆっくりと自分と同じ方向に移動しているように見えるが，近くにある地面や電柱は自分の進行方向とは反対方向へすばやく移動しているように見える。このように，観察者が移動している場合，対象物の相対的速度や方向の変化によって遠近の距離が把握される。

これら立体視の原理を応用したのがVR（Virtual Reality）技術であり，娯楽だけでなく医療や産業，教育などの分野にも活用されている。

3-4　運動視

私たち自身は環境の中で動いており，対象物もまた動く。対象物が動けばその網膜像も移動し，そこに運動が知覚される。**運動視**とは，外界の中で動いている対象物の速さやその運動方向を検出する視覚機能をいう。運動の知覚では，観察者自身が動いたときや対象物が実際に空間内を移動しているときに生じる一般的な知覚のことを**実際運動**と呼ぶ。しかし，人は対象物の動きが遅すぎても速すぎても知覚できない。ここで速度知覚を体験してみよう。左手は人差し指を立て，右手にはロゴの入った色ペンを持つ。次に左手の指を見つめながらその横にロゴ面を正面にした色ペンを並べる。このときロゴの形や文字は見えているはずだ。次は，指を見つめながら色ペンを上下にふってロゴが見えるか観察してみる。おそらくロゴを読み取ることは困難であろう。しかし，色ペンの動きの方向や色の知覚，動いている刺激がペンであることは認識できているはずだ。このように，人は高速で動く刺激に対してその運動方向ははっきりと知覚できるが，ペンのロゴなど細かい空間的特徴を認識することはできない。一方で色は刺激の速度変化に対して影響を受けない。

オプティックフロー

観察者自身の動きの中で起こる知覚としてオプティックフローがある。**オプティックフロー**は自分自身の動きによって網膜上に投射される流動的なパターンのことを指し，その方向を矢印の向きで，そしてどのくらい大きくなるのか（拡大率）を矢印の大きさで表現する（図1-6）。簡単に言うと自身が前進すれば網膜像は大きくなり，反対に後ろに動けば網膜像は小さくなるなど，自身が動くことにより網膜像を変化させることをいう。この変化を処理することで脳は自己運動を理解し，自身の運動を制御することができる。混雑した街中でもお互いに衝突することなくすれ違うことができるのは，オプティックフローを手がかりにしているからである。

バイオロジカルモーション

また，私たちは網膜に与えられた運動の情報から，形をも認識できる。たとえば，人の主要な関節位置に光点を取り付け，暗闇で動き始めると，静止して

図1-6　オプティックフロー

（注）一点を見据えて前進した場合，矢印は並進方向を指し，その拡大率は中心から遠くなるほど大きくなることを表現している。

（出所）Gibson（1979 古崎・古崎・辻・村瀬訳 1985）

いるときはデタラメな光の集まりであったものが，光点の運動軌跡から人の運動だと簡単に知覚できる。人の関節位置を示す光点の情報だけで動きとして知覚することを**バイオロジカルモーション**と呼ぶ。さらにたんに運動を検出するだけでなく，バイオロジカルモーションから動作に含まれる感情，性別，知人かそうでないかなどの判断が可能だと言われている。

3-5　眼球運動

人の身体の動きの中でもっとも繊細な動きを可能とする部位が眼球である。眼球には六本の外眼筋が存在し，これらの働きによって水平方向や上下方向への動きだけでなく回旋運動も可能となる。そして，私たちは眼球を回転させながら対象物に視線を向ける。眼球運動の目的は，視線をその対象物上に保つことにより，対象物の質の高い情報を網膜上に映し出すことである。対象物を明確に見るためには，中心窩に網膜像を投映させ像を維持する必要がある。中心窩には錐体細胞が多くあり光刺激に対する感度が高いため（1節参照），焦点を中心窩の位置に当てることで対象物をクリアにとらえることができる。反対に，中心窩の周辺では対象物をクリアにとらえることはできない。

眼球運動はその目的を達成するための重要な働きが複数ある。一つめは，視野の中にある対象物に反応してそれに眼を移すまでのすばやい動きをする**サッカード**（**随意的眼球運動**）である。サッカードは視線をある位置から別の位置へ瞬時に移動させる眼球運動であり，日常的に生じている。今この文章を読んでいるあなたの視線は左から右へ小刻みに移動しているだろう。しかし，視線は小刻みに移動するだけでなく，文中の単語にも向けられていると気づいただろうか。この一時的な視線の停留を**固視**といい，眼球運動の二つめの働きである。一般的に文章を読むときの眼球運動では，視線を瞬時に動かすサッカードと視線を停留しておく固視を繰り返している。

また，視線がある位置に停留しているときでも眼は少しずつ動いている。眼の動きは完全に止まることはなく，網膜上に投影される像も少しずつ動いている。このような停留中の眼の動きを**固視微動**といい眼球運動の三つめの働きである。じつは固視微動が完全に止まると網膜像は部分的に消失し，最後は見えなくなってしまう。言い換えると，視覚系の情報処理過程では時間的に変化する信号を検出できなくなると，眼球内にある血管の影など意味のない情報がむだに知覚されてしまう特性がある。そのため，固視微動のような眼球運動が私たちの視覚を維持するために必要となる。

眼球運動の四つめの働きは，動いている対象物を追うように滑らかな動きをする**追従眼球運動**（**滑動性追従眼球運動**）である。この文章を指でゆっくりなぞって読んでほしい。このとき，動く指の動きに合わせて同じ速さで眼球が動く。他の例えとして，外野手が飛んでくるボールを捕球するとき，中心窩でボールを正確にとらえようとし，網膜の中心からどれだけ外れつつあるかを把握して逐次眼球を制御しながら（ボールを眼で追いながら），ボールの落下位置を予測し移動する。

3-6　錯　視

ここまでは，脳や視覚系，神経回路による合理的な処理のおかげで私たちは安定した世界を維持しているという視覚の特徴について述べてきた。日々様々な視覚現象を体験することにより，脳の神経回路と視覚情報処理過程は構築され，ものの知覚に対して適応していく。人の脳は外界からの複雑でダイナミックな情報をつねに処理し解釈しているが，それら全ての情報を処理することはできない。このとき，脳は手がかりや過去の経験から状況を推測するが，手がかりや経験によって騙され，実物とは違うように見えたり聞こえたりといった間違った知覚をすることがある。妄想や思い込みとは違い，実際に存在している対象物を視覚情報とは異なった形態で知覚することを**錯視**という。錯視には，大きさや形の錯視（幾何学的錯視），色や明るさの錯視（対比と同化），運動知覚の錯視などがある。

幾何学的錯視

図形の大きさ，形，角度や長さなどの幾何学的特徴が実際とは異なって知覚されることを**幾何学的錯視**と呼ぶ。代表的な幾何学的錯視として，長さに関す

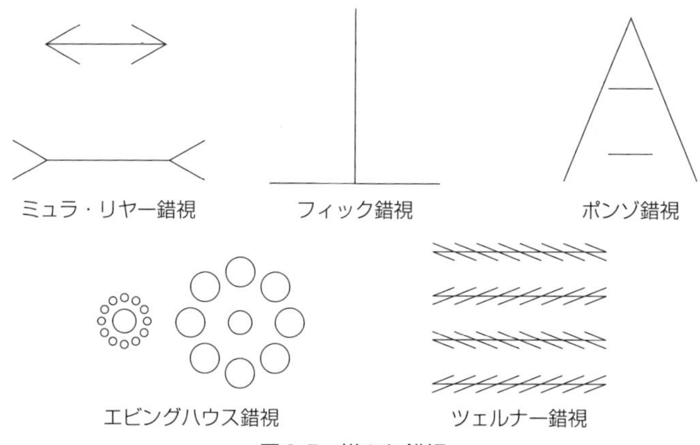

図 1-7　様々な錯視

（出所）北岡（2011）

る錯視には**ミュラー・リヤー錯視**（矢羽根を外向きにつけると線部が長く見える），**フィック錯視**（垂直線分の方が長く見える），**ポンゾ錯視**（頂点に近い線分の方が長く見える）があり，大きさの対比錯視には**エビングハウス錯視**（大円群に囲まれた円の方が小さく見える），角度や方向についての錯視には**ツェルナー錯視**（線分が平行に見えない）がある（図 1-7）。

対比と同化

異なる明るさや異なる色のものを並べるとその違いが著しくなり，実際とは違った明るさや色に知覚される錯視現象のことを**対比**と呼ぶ。たとえば，同じ色の灰色紙片が白地の上だと黒っぽく，黒地の上だと白っぽく知覚される（明るさの対比）。また，灰色紙片が緑地の上だと赤みが強く，赤地の上だと緑が強く知覚される（色の補色対比）。

反対に，似た明るさや似た色のものを並べるとより近い明るさや色として知覚される錯視現象を**同化**と呼ぶ。色の同化の一例としてわかりやすいのが，オレンジのネットに入ったみかんである。オレンジのネットの中にみかんを入れることでみかんは赤みがかり，より熟したように見える。他にも対比や同化は私たちの日常生活の様々な場面で利用されている錯視現象である。

運動知覚の錯視

運動の知覚は，対象物が実際に動いているときに生じるが（3節参照），対象物が実際に動いていないにもかかわらず運動を知覚することがある。外界の対象物が静止しているのに動いて見えることを**仮現運動**と呼ぶ。たとえば，アニメーションのコマは一つひとつが静止している画像であるが，そのコマを高速に切り替えることにより私たちは滑らかな動きとして知覚する。仮現運動として，**β運動**がある。これは異なる位置にある二つの光点がある適当な時間間隔で交互に呈示されたとき，二点間に滑らかな動きが知覚される現象で，φ（ファイ）現象とも呼ぶ。

夜空に浮かんでいる月の周りに雲があるとき，雲が動くと雲ではなく月が動いたように知覚されることがある。このように静止している対象物を取り囲んでいる対象が一斉に同じ方向に移動したとき，静止している対象物が動いて見える現象を**誘導運動**と呼ぶ。

また，一方向へ運動する対象物を見続けた後に静止した対象物を見ると，静止した対象物が逆方向に動いて見える現象を**運動残効**という。運動残効の一例として，滝の落下をしばらく見た後，静止した風景に眼を移すと静止した風景が上方向に動くように見える滝の錯視がある。

他にも錯視には様々な種類があり，現在まで多くの錯視が発表されている。過去に発表された錯視には，線遠近法の錯視である「エイムズの部屋」や，透明視の錯視，静止画が動いて見える錯視として「蛇の回転錯視」がある。また，毎年開催されている錯視コンテスト（Neural Correlate Society 主催）では，最新の錯視図や錯視動画が提案されているので，ぜひだまされてほしい。

3-7　視覚的注意

私たちの視覚は膨大な情報をつねに受け取っているが，一度に処理できる情報量には限界がある。複雑かつダイナミックに相互作用している外界から，私たちは優先的に有益な情報を選択する機能をもっている。これを**選択的注意**と呼び，とくに視覚に限った注意を**視覚的注意**と呼ぶ。視覚的注意は，処理された視覚情報が意識に上る際の情報処理過程において重要な役割を担っている。

注意は，**ボトムアップ的注意**（**顕在的注意**）と**トップダウン的注意**（**潜在的注意**）の２種類に分類される。ボトムアップ的注意は，複数の刺激の中で特定の目立つ刺激があるとき，その目立つ視覚刺激に対して注意が自動的に引きつけられることを言い，注意の対象と視線が一致する。トップダウン的注意は，意図的にある対象に注意を向けることを言い，このときの注意の対象と視線は必ずしも一致しない。たとえば，野球の投手は一塁にけん制球を投げるとき，一塁走者に気づかれないように，一塁走者に視線を向けずに注意を払う。

また視覚的に十分認知が可能な刺激を与えているにもかかわらず，観察者がその変化を検出できない現象がある。言い換えると，目の前ではっきりと起こっている出来事に対して，注意を向けられていない場合，その出来事に気づかない。あるいは，特定の対象への注意を向ける度合いが高い場合，特定の対象以外の変化に気づかず見落としてしまう。この現象を**非注意性盲目**や**変化の見落とし**（チェンジ・ブラインドネス）という。とくに非注意性盲目を立証したシモンズとチャブリス（Simon & Chabris, 1999）の実験課題である「見えないゴリラ」の実験はぜひインターネット上の動画で体験してほしい（第11章コラム２も参照）。

他にも注意の現象として有名な**ストループ効果**がある。ストループ効果は，二つの特徴をもつ刺激が同時に呈示され一つの特徴に注意を向けたとき，注意を向けていない特徴への反応が阻害されることをいう。ストループ（Stroop, 1935）が行った実験では，たとえば，赤色で書かれた「あか」という刺激（文字の意味と文字の色という二つの特徴が一致する刺激）と青色で描かれた「あか」という刺激（二つの特徴が一致しない刺激）が呈示され，その刺激の色名称を答えることを求めた場合，観察者は二つの特徴が一致しない刺激の方が回答に時間がかかることが示された。これは，色の特徴のみに注意を向けても，注意を向けていない「あか」という単語の特徴にも自動的に注意が向けられ，二つの特徴が干渉し合うために生じると考えられている。

❖考えてみよう

・視覚経路のどの部分に問題や損傷があると，どのような障害が起こるのかを考えた後，紹介されている文献などを調べてみよう。

・絵画（たとえば，風景画）を見て，立体的に見えるためにどのような手がかりが含まれているか探してみよう。

もっと深く，広く学びたい人への文献紹介

越智 啓太（編）（2018）．意識的な行動の無意識的な理由――心理学ビジュアル百科　認知心理学編――　創元社

☞認知心理学の部分まで含んでいるが，具体的な体験例や実験例について図を用いながら解説されており，感覚機能について理解しやすい。

日本視覚学会（編）（2017）．視覚情報処理ハンドブック　新装版　朝倉書店

☞視覚の基礎的機能やデータが網羅されているハンドブック。視覚の研究法や数理モデルだけでなく，視覚に関する発達や障害について基礎的な事項も含まれている。

BIO MOTION LAB　https://www.biomotionlab.ca/demos/

☞感情や性別の違いによるバイオロジカルモーションが体験できる。

北岡明佳の錯視のページ　http://www.psy.ritsumei.ac.jp/~akitaoka/

☞静止画だけでなく動きのある錯視など各種の錯視が紹介されている。

引用文献

Gibson, J. J. (1979). *The ecological approach to visual perception*. Boston: Houghton Mifflin Company.
（ギブソン，J. J.　古崎 敬・古崎 愛子・辻 敬一郎・村瀬 旻（訳）（1985）．ギブソン生態学的視覚論――ヒトの知覚世界を探る――　サイエンス社）

Hecht, S. (1935). The dark adaptation of retinal fields of different size and location. *Journal of General Physiology, 19*, 321-337.

北岡 明佳（2011）．錯視　北岡 明佳（編著）　知覚心理学――心の入り口を科学する――（pp. 20-37）　ミネルヴァ書房

Simons, D. J., & Chabris, C. F. (1999). Gorillas in our midst: Sustained inattentional blindness for dynamic events. *Perception, 28*, 1059-1074.

Stroop, R. (1935). Studies of interference in serial verbal reactions. *Journal of Experimental Psychology, 28*, 643-662.

参考文献

本田 仁視（1998）．視覚の謎――病例が明かす「見るしくみ」――　福村出版
内川 惠二・篠森 敬三（編）（2007）．視覚I――視覚系の構造と初期機能――　朝倉書房

第2章　聴　　覚
──「聞く」はどのように実現されているか

森　数馬

本章では，**聴覚**をテーマとしている。私たちの生活において，視覚は非常に重要な役割をもつが，聴覚もまた，環境音から生活に必要な情報を得るため，他者と音声でコミュニケーションを取るため，音楽を聞いて心を潤すために欠かせない感覚である。以下では，聴覚のための生物学的な構造，音の物理的性質および人の音に対する知覚の性質，話し言葉の生成と認知の順で，聴覚に関する重要事項について述べる。

1　聴覚系の生物学的基盤

私たちの聴覚系は，つねに様々な音を処理している。そうした処理について，日常生活で意識することはあまりない。これはひとえに私たちがもつ聴覚系の構造が優れており，処理が自動化されていることによるものである。本節では，音の処理を実現している**聴覚系の構造**について，解剖学的な知見およびその機能を詳細に述べる。

1-1　外耳・中耳・内耳

外耳は，外界の音が耳から身体の内部に伝わっていく際に，最初に通る器官である。図 2-1 からわかるように，私たちが普段「耳」と呼んでいるのは，外耳の耳介のことである。耳介から身体の内部に向かう外耳道は，直径 7 mm,

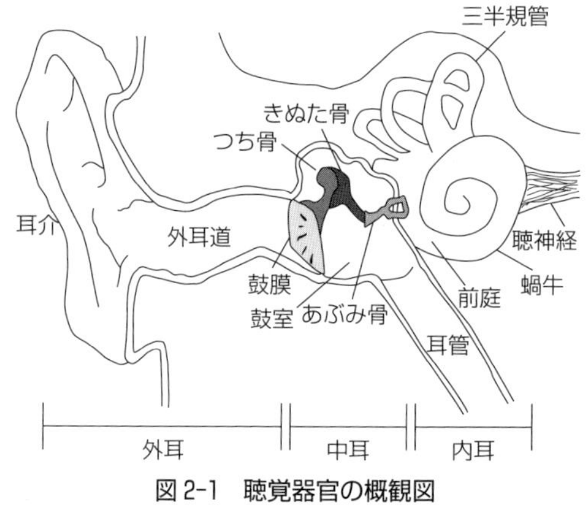

図 2-1　聴覚器官の概観図

長さ25 mm 程度であることが知られている。

外耳から内耳に至るまでの道のりには，中耳が位置している。図 2-1 に示すように，中耳は，**鼓膜**，**鼓室**および三つの**耳小骨**（つち骨，きぬた骨，あぶみ骨）から構成されている。音を伝搬する際に中耳が果たす役割は，鼓膜の振動を前庭の入り口である前庭窓へ送ることである。鼓膜に入ってきた振動は，三つの骨を通じて内耳に送られていく。鼓室は耳内の気圧を調整するなどして，鼓膜の機能を補助している。

内耳は，その名の通り外耳および中耳よりも身体の内側にあり，図 2-1 内の**三半規官**，**前庭**（ぜんてい），**蝸牛**（かぎゅう）によって構成されている。このうち聴覚が音を情報処理する際にもっとも重要となるのが，蝸牛である。三半規官と前庭は聴覚ではなく，身体の平衡感覚を司っている。蝸牛を通過した音は聴神経へと送られ，その後に脳へと伝わっていく。

1-2　蝸　牛

蝸牛の形はさながらカタツムリのようであり（図 2-1 参照），全長35 mm の薄い骨でできた管が２回と3/4回転ほど巻いた状態で内耳に位置している。図 2-2(a)において，蝸牛を引き伸ばして内部を詳細に図示した。蝸牛は，その入り口に**前庭窓**と**蝸牛窓**を持っており，これらがそれぞれ音の出入り口となっている。前庭窓はあぶみ骨から振動を受け取る一方で，蝸牛窓から圧力が抜けていく。蝸牛には，鼓膜の振動を効率よく伝えるしくみが備わっている。鼓膜と前庭窓の面積比はおおよそ17対１になっており，これによって鼓膜の振動は蝸牛において17倍に増幅されるのである。このようにして増幅された音が，蝸牛

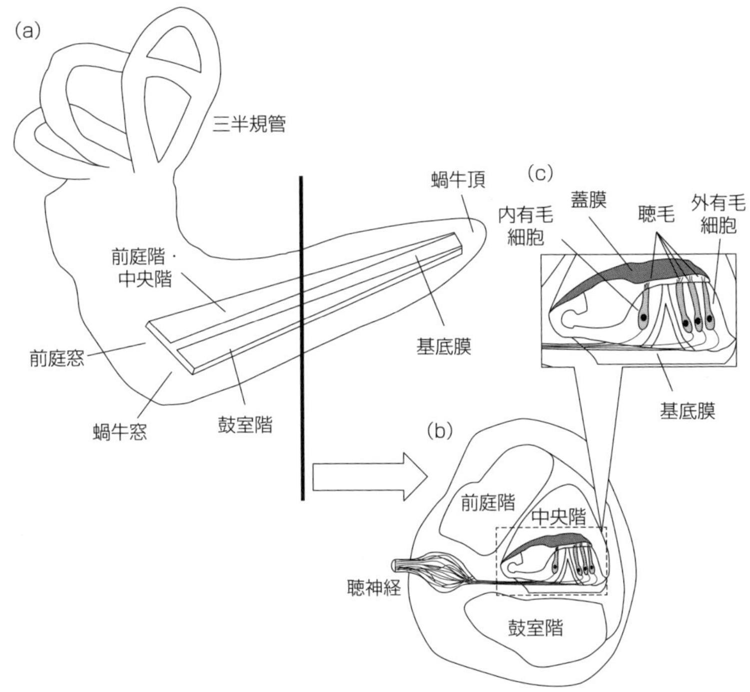

図 2-2　蝸牛の詳細図：(a)蝸牛を引き伸ばした展開図，(b)蝸牛の立体的な断面図，(c)有毛細胞付近の拡大図

内部にある**基底膜**に伝播されていき，周波数（音の高さの感覚をもたらす物理的な性質，2節で後述）などの音の性質が聴覚器官によって解析されていくこととなる。

1-3　基底膜

前庭窓から入ってきた音は，やがて基底膜に到達する。蝸牛内部は内リンパと呼ばれるゼリー状の液体で満たされており，音はこの液体を振動させて基底膜へと届く。図 2-2(b)に示すように，蝸牛の断面を観察すると，**前庭階**，**中央階**，**鼓室階**の三つに分かれており，中央階に音の周波数を解析する聴覚器官である基底膜が位置している。

基底膜に入力された音は，前庭窓から**蝸牛頂**に向かって進行波を生じさせる（図 2-2(a)）。音の周波数に応じて，進行波が最大振幅を示す基底膜上の位置が変化する。この位置の違いから，基底膜にて周波数の解析が行われる。基底膜には**有毛細胞**が付属している。図 2-2(c)に示すように，有毛細胞は４列に並んでおり，１列は3500個の内有毛細胞，３列は約２万5000個の外有毛細胞から成る（Moore, 1989 大串監訳 1994）。有毛細胞から蓋膜に向かって伸びている**聴毛**が基底膜の振動により折れ曲がると，有毛細胞は**インパルス**と呼ばれる電気信号を放出する。このインパルスが聴神経繊維を伝わり，脳にある聴覚中枢へと音に関する情報が送られる（聴神経については，図 2-1 および図 2-2(b)を参照）。

1-4 聴覚神経系と聴覚野

聴覚神経系とは，内耳の聴神経からいくつかの脳の領域を通過して聴覚野に至るまでの神経経路のことを指す。図 2-3(a)の脳の断面図に示すように，聴神経から送られてくる情報は，脳の皮質下領域に位置する**蝸牛神経核**，**上オリーブ核**，**下丘**，**内側膝状体**を経て，**大脳皮質**の聴覚野へと移行する（柏野，2010a，2010b）。

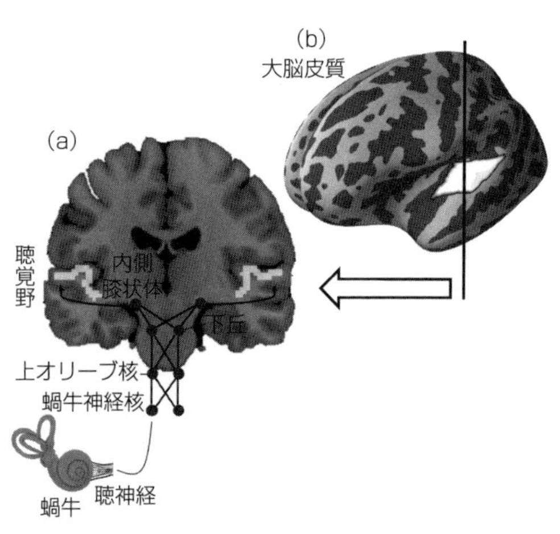

図 2-3 聴覚神経系と大脳皮質聴覚野：(a)脳深部にある聴覚神経系のルート，(b)大脳皮質における聴覚野（白色部分）

（出所）蝸牛の画像はフリー素材集「いらすとや」（https://www.irasutoya.com/）のイラストを使用。

聴覚野は，大脳の中で主として聴覚を司る部分であり，大脳皮質における左右の側頭に位置している（図 2-3(b)）。音の大きさや高さといった外界の音に関する情報が，聴覚野において処理される。外耳から入ってきた音を，聴覚野が情報処理することではじめて，人は入力された音がどのような特徴をもつかを認識することができる。

2　音の認知

私たちが外界の音を認識するとき，認識の仕方にはルールがある。それは，音がもつ物理的な性質と，人の聴覚器官および脳の聴覚野における情報処理の性質の兼ね合いによって生まれるルールである。本節では，音の物理的な性質および音が認知される仕組みについて述べることで，音の認識に関するルールを示す。

2-1　音の性質

音の物理的な性質には，代表的な3要素がある。それらは，**振幅**，**周波数**（または振動数），**波形**である（重野，2006）。ある音がどのようなものであるかは，これらの3要素を基準にして評価されることが多い。音の3要素がどのようなものであるかの直感的な理解を促すため，図2-4に音の波形（左）およびスペクトラム（右）を示した。

ここで示した波形は，音をデジタル録音して時系列に沿って数値化したものであり，音を可視化したものである。図2-4左にある波形図の縦軸が振幅の大きさ，横軸が時間を示す。また，正弦波や合成波（後述）において，一定時間ごとに繰り返される波の周期が，周波数を示している。周期が細かいほど，周波数は大きくなる。一方で，音の周期についての情報を可視化したのが**スペクトラム**である。図2-4右にあるスペクトラム図の縦軸は振幅の大きさ，横軸は周波数を示している。なお，周波数を表す物理的な単位はヘルツ（Hz）である。**フーリエ変換**[1]という手法による解析から，ある音に含まれる周波数の振幅を，異なる周波数ごとに個別に得た値を示している。ある音の中には，複数の

➡1　信号処理手法の一つで，時間領域のデータを周波数領域へ変換するために利用される。音の周波数解析を行う際，非常に重要な技術である。詳細はトランスナショナルカレッジ オブ レックス（2013）を参照。

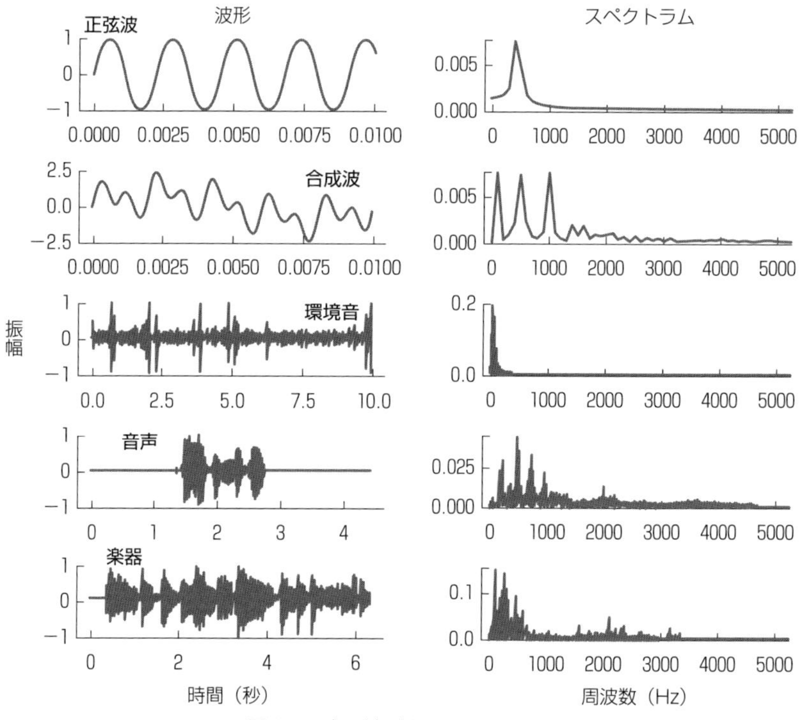

図 2-4 音の波形とスペクトラム

（注）正弦波は440 Hz，合成波は100 Hz，500 Hz，1000 Hz で構成されている。

周波数が含まれることが多いため，多くの場合，スペクトラムは複数の値をもつ。

具体的に複数種類の音に関して見てみよう。図 2-4 の最上部にある**正弦波**は，純音と呼ばれるシンプルな音である。正弦波は，一定の振幅と周波数をもった音の波であるため滑らかな曲線で記述でき，また，値が大きいスペクトラムも一つのみである。これに対して**合成波**は，複数（図 2-4 では三つ）の周波数の波形を合成したものである。異なる周期の周波数が含まれるため，振幅の時系列パターンが一定ではなくなり，それゆえ曲線の形はより複雑になる。スペクトラムに示される三つの大きな値が，合成波がいくつの波形の複合物であるかを示している。**環境音**，**音声**，**楽器**（ギター）に関しては，より多くの周波数の合成波として構成されているため，波形およびスペクトラムの形状は非常に複雑になる。私たちが日常的に聞いている音が，複雑な物理的性質をもっていることが図 2-4 から読み取れるだろう。

2-2　音の聞こえ方

音の物理的な 3 要素に対して人が認知する要素として，**音の大きさ**，**音の高さ**，**音色**が挙げられる（重野，2006）。物理的な音の振幅が心理的な音の大きさ，周波数が音の高さ，波形が音色としてそれぞれ感じ取られる。ただし，これらの関係はつねに 1 ： 1 の比率では変化しないことに注意が必要である。たとえば，音の振幅が 2 倍になったからといって，音が 2 倍に大きく感じられるわけではない。その一方で，物理的な音の変動は，一定の法則性をもって心理的な音の感じ方と対応している。こうした物理的な音響と心理的な知覚の対応関係は，古くから検討が行われてきた。以下に音の大きさ，音の高さ，音色の順で紹介する。

音の大きさ

音の大きさの知覚は，**ラウドネス**と呼ばれる。音の振幅の物理的な変化は，非常に微細な値で測定され，人が聞き得る振幅の範囲は約20 μPa から20 Pa である。これは後者が前者の100万倍であるため，数値の範囲が非常に大きい。この範囲を狭めて数値を扱いやすくするため，ラウドネスは対数によって変換した値で特徴づけられる。特定の方式で対数変換した値を**ラウドネスレベル**（または**音圧レベル**）と呼び，dB（デシベル）という単位が用いられる[2]。

前述のように，ラウドネスレベルを人が認知する際には 1 ： 1 対応で音の大きさが変化するわけではない。また，重要なことに音の大きさは，音の周波数の影響を強く受けるため，周波数が異なる（すなわち，音の高さが異なる）場合

➡ **2**　ラウドネスの大きさを数式によって示すと，

$$n\ dB = 20\log_{10}\left(\frac{P_B}{P_A}\right)$$

となる。一般に空気中では，$P_A = 20_{\mu}Pa$ で表すことになっており，この値は1000 Hz の純音で聞き取れる最小の値となっている。すなわち，dB は人が聞き取れるもっとも小さな音と比べてどのくらい大きいかを示す。

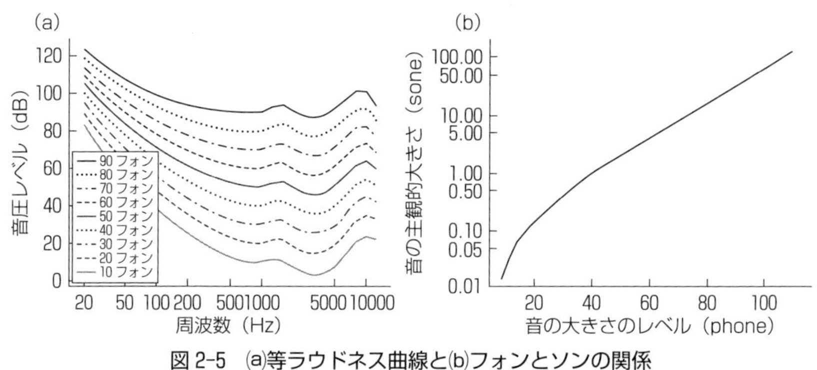

図 2-5 ⒜等ラウドネス曲線と⒝フォンとソンの関係

には音の大きさの変化の仕方が異なる。そこで，主観的な音の大きさを表示する方法として，**フォン**（phone）という単位が考案されている。図 2-5⒜は，**等ラウドネス曲線**と呼ばれる曲線である（Robinson & Dadson, 1957）。曲線が1000 Hz のところまで右肩下がりとなっているのは，周波数が小さい音を聞き取るためにより大きな音圧レベルが必要であることを意味する。一方で，5000 Hz 以上のところで右肩上がりとなっているのは，周波数が大きい音を聞き取るためにより大きな音圧レベルが必要であることを意味する。3000-4000 Hz のところで，曲線が最小となっているのは，その周波数帯域においてもっとも感度よく音を聞き取れることを意味する。フォンは1000 Hz の純音を基準点としたときに，何 dB であるかを示す。たとえば，10フォンは1000 Hz の純音が10 dB に聞こえる大きさ，50フォンは1000 Hz の純音が50 dB に聞こえる大きさを指す。フォンと dB の関係は，様々な音の種類に関して一定であるため，フォンは一般的な音の大きさレベルを表す尺度と言える。

音の大きさについての主観的な比率関係を表す感覚尺度は，**ソン**（sone）尺度と呼ばれ（Beranek, Marshall, Cudworth, & Peterson, 1951），ソンが２倍になれば音の主観的大きさも２倍となる。図 2-5⒝にフォンとソンの対応関係を示した（縦軸が対数表記であることに注意）。フォンが40のときにソンは１であるとして設定されている。60フォンは４ソンであり[3]，40フォンと比べて音の物理的な強さは10倍になっているものの（脚注２を参照），心理的な強さは４倍である。このような物理的にどのような音を出したとき，私たちがどのように感じるかの法則性は，**心理物理実験**と呼ばれる実験により導き出されている。

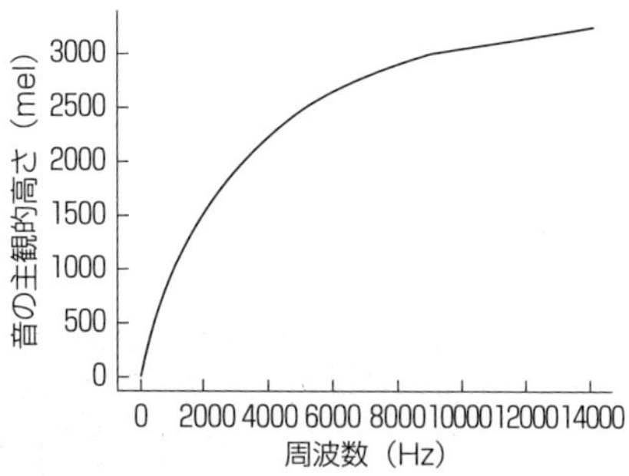

図 2-6　物理的な周波数と心理的な音の高さの関係性

音の高さ

音の高さの知覚は，**メル**（mel）（メル周波数とも呼ばれる）という心理尺度で表現されている（Stevens & Volkman, 1940）。高さについても，物理的な変化が単純に心理的な変化と重なるわけではなく，周波数が２倍の音は，元の周波数の２倍よりももっと低い高さに感じとられる。しかし，心理物理実験によってメルと周波数の関係性が見いだされており，図 2-6 に示すような対応づけで両者は変動する[4]。音の大きさの場合と同様に，物理的な周波数の変化と比べて，心理的な音の高さの変化がよりなだらかであることがわかる。人が聞くことができる周波数は20-20,000 Hz であり，その範囲においてメルが設定されている。

音　色

音色は，「JIS Z 8106：2000（音響用語）」において，物理的に異なる二つの音が，たとえ同じ音の大きさおよび高さであっても異なった感じに聞こえるとき，その相違に対応する属性と定義されている。私たちが日常的に音色を意識

➡**3**　フォン（L_N）とソン（N）の関係性は二つの数式で表すことができ，ソンが１以上の場合は，

$$L_N = 40 + 10\log_2 N$$

１以下の場合は，

$$L_N = 40(N + 0.0005)^{0.35}$$

である。

➡**4**　メル（m）と周波数（f）の関係性は数式で表現することができ，

$$m = 2595\log_{10}\left(1 + \frac{f}{700}\right)$$

である。

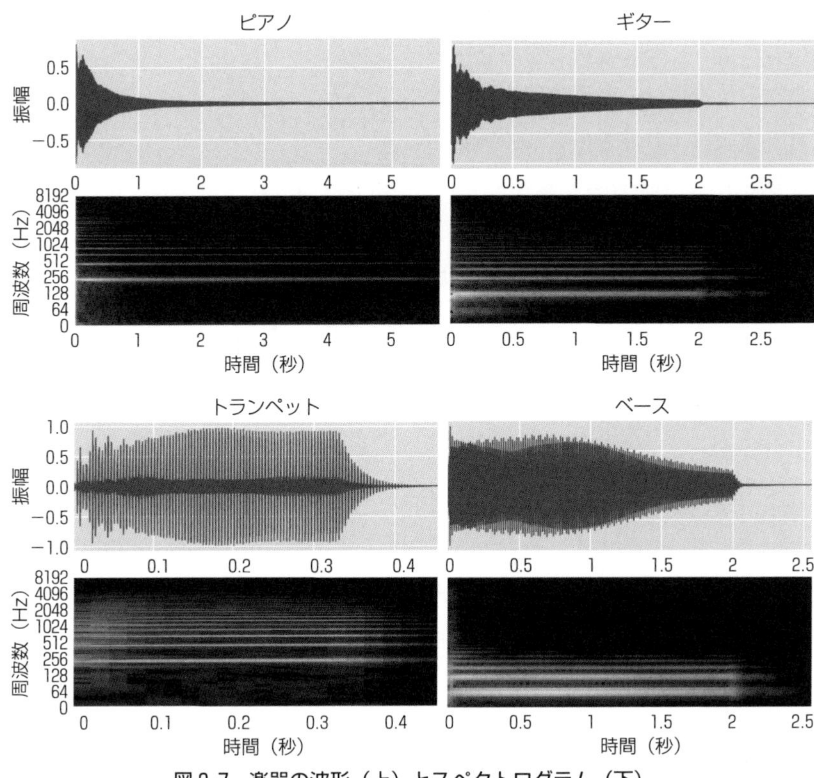

図 2-7 楽器の波形（上）とスペクトログラム（下）

（注）スペクトログラムは，色が白い周波数帯域ほど音が強いことを示している。全ての楽器が鳴らしているのはド（C4＝440 Hz）の音である。

するのは，楽器の音に関してであろう。図 2-7 に 4 種類の楽器がドの音を出したときの波形および**スペクトログラム**を示した。スペクトログラムとは，各時間帯においてどの周波数帯域の音が強いかを示す図であり，離散フーリエ変換と呼ばれる手法によって得られる。音の大きさや高さの場合と異なり，音色の物理量と心理量の対応はかなり複雑である。しかし，私たちは比較的容易に異なる楽器の音を聞き分けられる。そのため，スペクトログラムに示されている各周波数帯域における振幅に関する配分の違いにもとづいて，人は音色の違いを識別していると考えられる。

3　話し言葉の生成と認知

私たちが言葉を扱うとき，その方法は音声言語（話し言葉）か文字言語（書き言葉）かに大別される。現代ではスマートフォンやソーシャルメディアの発展によって，文字言語を使う機会が以前と比べ大幅に増えている。しかし，コミュニケーションのための音声言語の重要性は依然として揺らがない。本節では，音を使って意思伝達を行うための音声言語の仕組みについて述べる。

3-1　音声の生成

音声は，肺から口唇に至るまでの**音声器官**によって発せられる。この音声器官には，肺，気管，声帯，喉頭，咽頭，鼻，舌，口唇が含まれ（図2-8），これら全てを含めて**声道**と呼ぶ。音声の発生過程について順に述べる。まず肺から空気が送り出され，その空気は気管を通過して声帯に届く。次に声帯が開閉運動を行うことによって，肺からの空気を出したり止めたりして音声のもととな

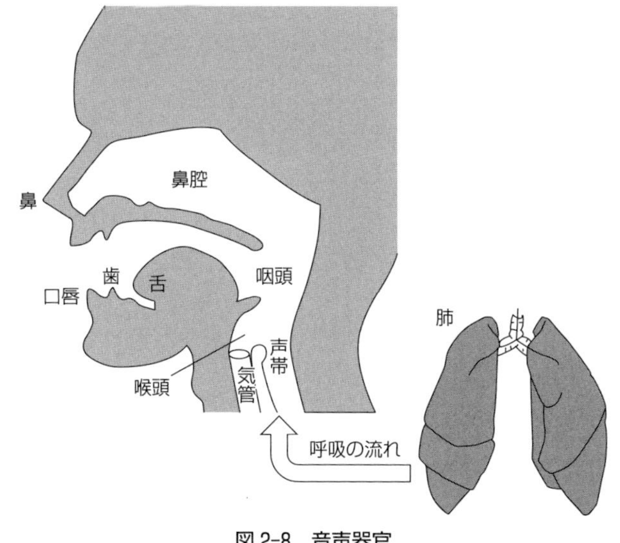

図2-8　音声器官

る音が作られていく。この開閉運動によって作られる音は，**喉頭原音**と呼ばれる。この後，喉頭原音は声道を通過するとき，声道の**共鳴**によって特定の周波数の振幅（固有振動数と呼ばれる）を増大させる。こうした喉頭原音と特定の周波数を掛け合わせた音が，私たちの音声となる。

喉頭原音の高さを**基本周波数**（F0）と呼ぶ。この周波数の高さが個々人の声の高さを表す。声道の共鳴は**フォルマント**，共鳴して増幅された周波数はフォルマント周波数と呼ばれ，低い方から順に第一フォルマント（F1），第二フォルマント（F2）と名付けられている。声道の形状変化によって，それぞれの言葉に特有のフォルマント周波数の組み合わせができる。たとえば，「あいうえお」という発声は，個々の音に対する声道の形が異なる。

3-2　音声言語の特性

話し言葉のもつ音，すなわち**言語音**（音声）は，独特の波形をもっている（図2-4）。言語音は，言語情報を伝達するための最小限の音声の単位である**音素**によって構成されている。表2-1に示すように，日本語がもつ音素の数はわずか20個ほどであり，これらの組み合わせによって言語音が成立している（青木，2014）。日本語の音素は，**母音**と**子音**に大きく分類することができ，それぞれ母音が五つ，子音が16の音素をもっている。

母音と子音を組み合わせて定義される**モーラ**という単位が，日本語の音声の特徴となっている。モーラは日本語のカナに対応しており，1拍の長さで発音される。あ行の「あいうえお」に関しては，母音のみで構成されるが，か行やさ行などの他の行では子音が先に来て母音が続く形をとる。すなわち，「か」はka，「す」はsuである。モーラよりも大きな音声の単位が**音節**であり，ひとまとまりで発音される音と定義される。日本語のモーラと音節は共通する場合が多いものの，N・Q・Rといった特殊なモーラ（Nは撥音の「ん」，Qは促音の「っ」，Rは長音の「ー」）に関しては直前のモーラと一つの音節の単位でまとめられ

表2-1　日本語の音素

母音	a i u e o
子音	k g s z t c d n h f p b m r y w
特殊	N Q R

る。

また，音声の種類として，声帯の振動を伴って生成される音声を**有声音**，声帯の振動を伴わずに生成される音声を**無声音**と呼ぶ。声道を閉じてから瞬間的に呼吸を解放することで生成される音が**破裂音**と呼ばれ，発音の開始時に現れる。話し言葉の音声は，これらの音が組み合わされて構成され，音節を発話している。発話に含まれるこれらの要素が，環境音や楽器とは異なる独特の波形を発生させている。

3-3 音声補完

日常場面において会話をするとき，他者の発した音声を的確に聞き取ってやり取りを行う必要がある。これは当然のことではあるが，環境内には様々な音が存在するため，正確に他者の音声を聞き取ることは，じつはかなり困難である。実際には他の音などによって掻き消されている他者の音声を聞き取る聴覚機能を，ここでは音声補完と呼ぶ。

音声補完としてもっともよく知られているのは，**カクテルパーティー効果**である。パーティー会場を想像してみてほしい。あちこちで人が話しており，多くの音が入り混じっている。その中でとっさに誰かがあなたの名前を呼んだなら，あなたはすぐに気づくことができるだろう。こうした周囲にある多数の音源を空間的に別々に聞き分けて，特定の声を聞き取る現象をカクテルパーティー効果という。この効果は，多くの情報が一度に入ってきたとき，どれかの情報に注意を集中させる**選択的注意**によって実現されており，聴覚が周囲の複数の音を的確に情報処理することを示している。

音声補完の別の例として，**音韻修復**がある。日常場面において，周囲で雑音が鳴っているときに誰かが話しているのはよくあることである。こうしたとき，じつは音声が部分的に途切れていることがあるが，雑音が大きすぎない限りは円滑に会話を行うことができる。たとえば，「あいうえお」の「う」の部分にじつは「う」の音が存在せず，雑音に置き換わっていたとしても，前後の文脈から変わらず「う」の音があるかのように聞こえるのである。こうした現象を音韻修復と呼ぶ。音韻修復が生じるのは，音が逐次的に情報処理されるのみでなく，情報を受ける側の知識や経験による処理が行われることを指し示している。

音声補完が示すように，私たちの聴覚は，音に含まれる情報を知覚的に**ボトムアップ処理**するとともに，期待や構えといった高次の**トップダウン処理**を行うことにより日々の円滑な生活を実現しているのである。

❖考えてみよう

人が日常的に聞くのは，主に環境音，音声，音楽である。それぞれのタイプの音に関して，特徴的な物理特性や，聴覚情報処理の仕組みを考えてみよう。

もっと深く，広く学びたい人への文献紹介

重野 純（2014）．音の世界の心理学　ナカニシヤ出版

☞人間と音のかかわりについて，心理学的な観点を強調して解説した好評入門書。丁寧な解説で音，音楽，会話，視聴覚などのテーマについて述べられており，本章でカバーしきれなかった音に関する多くの事項を学べる。

柏野 牧夫（2012）．空耳の科学　ヤマハミュージックメディア

☞聴覚研究の最前線について，高校生たちに語った内容を書籍化した講義録。空耳という心理現象に焦点を当てつつ，ポップ・ミュージックなどの親しみやすい話題にも触れながら展開されており，非常に読みやすい構成となっている。

大串 健吾（2019）．音響聴覚心理学　誠信書房

☞日本における聴覚研究を先導してきた著者の集大成的な著作。音の物理法則から，聴覚の生理学的メカニズム，人の心理的な音の感じ方に至るまで，多岐にわたる知見が述べられている。

引用文献

青木 直史（2014）．ゼロからはじめる音響学　講談社

Beranek, L. L., Marshall, J. L., Cudworth, A. L., & Peterson, A. P. G. (1951). Calculation and measurement of the loudness of sounds. *The Journal of the Acoustical Society of America, 23*, 261-269.

JIS Z 8106：2000　音響用語　https://kikakurui.com/z8/Z8106-2000-01.html（2020年12月29日閲覧）

柏野 牧夫（2010a）．第5章　聴覚　村上 郁也（編）イラストレクチャー認知神

経科学（pp. 71-88）　オーム社
柏野　牧夫（2010b）．音のイリュージョン　岩波書店
Moore, B. C. J. (1989). *An introduction to the psychology of hearing* (3rd ed.). London: Academic Press.
（ムーア，B. C. J.　大串　健吾（監訳）（1994）．聴覚心理学概論　誠信書房）
Robinson, D. W., & Dadson, R. S. (1957). Threshold of hearing and equal-loudness relations for pure tones, and the loudness function. *Journal of the Acoustical Society of America, 29,* 1284-1288.
重野　純（2006）．聴覚・ことば　新曜社
Stevens, S. S., & Volkmann, J. (1940). The relation of pitch to frequency: A revised scale. *The American Journal of Psychology, 53,* 329-353.
トランスナショナルカレッジ オブ レックス（編）（2013）．フーリエの冒険　A Mathematical Adventure　新装改訂版　言語交流研究所ヒッポファミリークラブ

第3章　体性感覚
——私たちの心身を下支えするもの

石倉健二

体性感覚は多様で，主観的な要素が多いために研究として取り扱われることが少なかった領域である。しかしVR（ヴァーチャルリアリティ）技術をはじめとしたIT技術の急速な発展の中で，今日では注目領域の一つとなっている。心理臨床においても，中枢または末梢神経疾患で生じる感覚消失や感覚鈍麻，精神疾患の体感幻覚，発達障害で報告される感覚の過敏や鈍麻など，いずれも体性感覚に関するものは多い。客観的な定量化が困難な領域ではあるが，こうした特徴を有するクライエントの理解には，体性感覚についての理解が求められている。

1　体性感覚

1-1　体性感覚とは

筆者のスマートフォン（iPhone SE）は，画面上のアイコンや画面下のホームボタンを押すと“カツン”とした軽い振動があり，「押したような感じ」がある。これは画面を触った時間や押した圧力をセンサーが感知して，内部の小型モーターが“横”に振動し，「押したような感じ」を再現している。画面やボタンが物理的に“上下”に動いたわけではないが，「押したような感じ」があるため，画面やボタンを操作した実感がある。いわば体性感覚上の錯覚を起こさせている実例である。

「**体性感覚**」とは，自分の身体に生じている事態についての感覚であり，自分の身体と外界・環境との関係についての感覚と言える。生理学的には，「**表在感覚**（皮膚感覚または表面感覚）」と「**深部感覚**（固有感覚または固有受容感覚）」に分けられる。また「**平衡感覚**（前庭感覚）」と「**内臓感覚**」は体性感覚と区別されるが，身体の状態についての感覚であり，相互に関連するものとして並べて取り扱われることも多い。

いずれも私たちの心身の活動の基盤となる感覚だが，そこに含まれる内容があまりに多様で，主観的な要素も多いため，客観的に観察し定量化することが困難である。そのため体性感覚は，客観性を重んじる科学では取り扱いにくい領域であった。

1-2　体性感覚とそれに関連する感覚

「表在感覚」「深部感覚」「平衡感覚」「自己受容感覚」「内臓感覚」など体性感覚とそれに関連する感覚の種類や内容，表記が複雑で一貫しないことが，この領域の理解を困難にしている要因の一つである。それらの一覧を筆者がまとめたものを表3-1に示す。

「表在感覚」は，触圧覚と痛覚，温度覚に分けられることが多い。「深部感覚」は，筋肉や関節からの情報により，身体の位置や方向，動きの程度を感じ取る。「平衡感覚」は，内耳からの情報により，頭の傾き，回転や直進の速さなどを感じ取る。「深部感覚」と「平衡感覚」により，空間における自分の身体の位置や状態（傾いているのか，回転しているのかなど）を感じ取る働きを「**自己受容感覚**」と言うこともある。「内臓感覚」は尿意など臓器の状態に関連した感覚とともに，内臓の痛み，血液中の二酸化炭素濃度，消化管の伸び縮みなども含まれる。

2　表在感覚

2-1　表在感覚の感覚受容器と神経系の構造

表在感覚は，触圧覚，温度覚，痛覚に分けられる。これらの感覚は，皮膚に

表3-1　体性感覚とそれに関連する感覚の一覧

含まれる感覚	刺激の種類／内容	関連する感覚	感覚器官の部位	
体性感覚				
表在感覚（皮膚感覚または表面感覚）				
触圧覚	皮膚表面や毛の先に軽く触れる，押すといった弱い物理的刺激によって生じる。	二点識別，振動覚	皮膚	
温度覚	皮膚と刺激物との温度差，ある種の化学物質によって生じる。	温覚，冷覚，痛覚	皮膚	
痛覚	強い物理的刺激，化学物質，極端な温度差などによって生じる。	表面痛覚，深部痛覚，内臓痛覚，関連痛，痒み	皮膚	
深部感覚（固有感覚または固有受容感覚）				自己受容感覚
四肢各部位の位置関係や関節角度の変化の感覚	筋や腱，関節包の伸張によって生じる。	運動覚，位置覚，力覚，重量感覚	骨格筋，腱，関節	自己受容感覚
重さや力の強さの感覚	筋や腱，関節包の伸張によって生じる。	運動覚，位置覚，力覚，重量感覚	骨格筋，腱，関節	自己受容感覚
平衡感覚（前庭感覚）				自己受容感覚
身体の向きや位置の変化の感覚	重力の方向（頭の向き）や加速度の変化，頭部の回転によって生じる。	めまい	内耳	自己受容感覚
身体の動きの開始や停止の感覚	重力の方向（頭の向き）や加速度の変化，頭部の回転によって生じる。	めまい	内耳	自己受容感覚
内臓感覚				
臓器感覚				
飢餓感	胃腸から生じる満腹や空腹から生じるが，味覚や嗅覚，視床下部の空腹中枢や満腹中枢の影響を受ける。		内臓各部	
渇感	口や喉の乾燥によって生じるが，視床下部の飲水中枢の影響を受ける。		内臓各部	
吐き気	胸部の不快感で，消化器や平衡感覚の影響を受ける。		内臓各部	
尿意	尿の貯留などで膀胱壁の緊張度が増すことで生じる。		内臓各部	
便意	結腸内糞便の直腸への移動などにより，直腸壁の緊張度が増すことによって生じる。		内臓各部	
その他	体温，血圧，血液中の二酸化炭素濃度，消化管の伸展・収縮などによって生じる。意識にのぼるとは限らない。		内臓各部	
内臓痛覚				
→ 内臓の痛覚受容器が刺激を受けて生じる。			内臓各部	
関連痛				
→ 内臓など身体の深い部分で生じた痛みが，その感覚神経と関連している他の皮膚表面の痛みとして感じられるもの。			内臓各部	

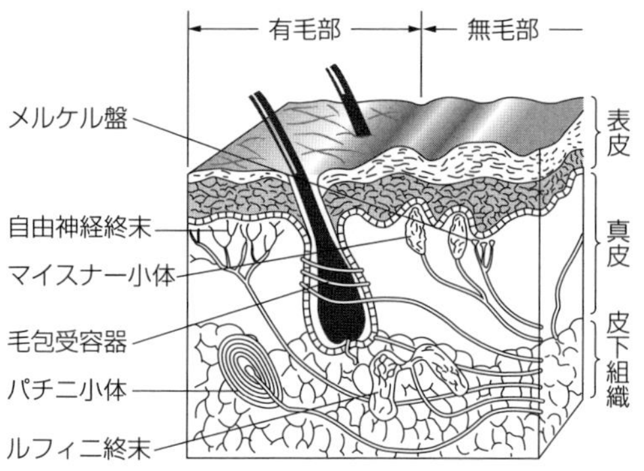

図 3-1　皮膚における感覚受容器の分布と形態

（注）図中のルフィニ終末は真皮中にあると考えられる場合が多い。

（出所）吉村（2014）

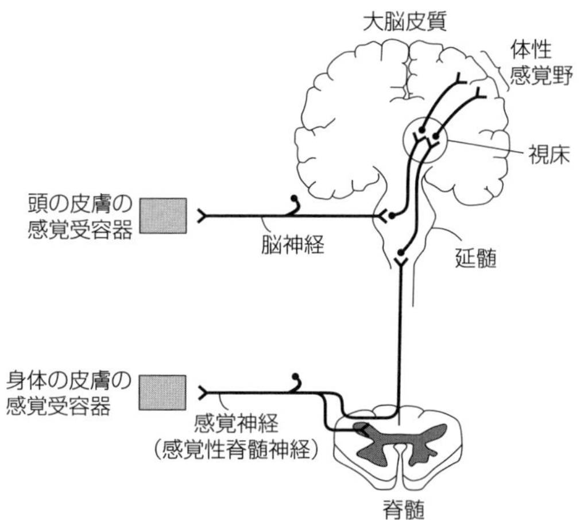

図 3-2　皮膚から脊髄および大脳までの触圧覚経路の略図

（出所）松田（2000）より一部改変

存在するそれぞれの感覚に対応した感覚受容器により生じる（図 3-1）。

マイスナー小体は，手の指先，指紋のある領域で皮膚表面のわずかな変形を察知する。メルケル盤は，指紋隆起部の直下や真皮中に表皮が入り込んでいる先端部に集まっており，持続性の触覚や優しく押された圧覚を感じ取る。ルフィニ終末は真皮にあり，皮膚を平行に伸ばすような伸びの刺激に反応する。パチニ小体は，指先や指腹，手掌に多く，皮下の脂肪組織に存在し，圧覚や振動覚を検出する（松田，2000）。

毛包受容体は体毛のわずかな変形を感じ取るもので，毛先に触れる物や皮膚の圧迫に対して素早く反応する。また毛先が軽く変形する程度の触れは，くすぐったさとして感じる。自由神経終末はもっとも原始的な感覚受容器で，痛みや温度，かゆみ，触れられた圧力などにも反応するが，化学物質にも反応するためポリモーダル受容器（ポリは「多」，モーダルは「感覚形式」の意）とも呼ばれる。痛みや冷たさ，心地よさなどを感じ取ることに関係している（仲谷・筧・三原・南澤，2016）。

それぞれの感覚受容器で生じた感覚情報は，感覚神経を通じて大脳皮質の**体性感覚野**に送られて情報処理がなされ「腕が痛い」「全身が心地よい」などと意識化される。頸から下の体性感覚は，感覚受容器から**感覚神経**（感覚性脊髄神経）となって脊髄を上行して**延髄**や**視床**に到達し，体性感覚野へと至る。頸から上の体性感覚は延髄から視床，体性感覚野につながる（図3-2）。

そのため，感覚受容器の病変や損傷にとどまらず，感覚神経から体性感覚野に至る経路の病変や損傷によって，体性感覚の異常が生じ得る。

2-2　触圧覚の構造・機能と発達

触覚は皮膚に物が触れたときに生起する感覚で，**圧覚**は皮膚に圧力が加えられたときに生起する。いずれも，皮膚表面への物理的な刺激によって生じるものであり，双方をまとめて触圧覚と呼ぶことが多い。

触圧覚に対応する感覚受容器は図3-1の通りであるが，その分布は身体の部位によって異なり，また年齢によって変化する。もっとも敏感な鼻や指先では1 cm^2 あたり100個以上存在するが，大腿部では11～13個程度であり，またその数は年齢とともに減少し，指先にあるマイスナー小体は10歳で1 mm^2 あたり約50個，30歳で約30個，50歳で約10個に減少する（吉村，2014）。そのため触覚の感度は低下するが，触ることによって情報を感じ取る能力は，経験や学習によって向上する（仲谷他，2016）。

皮膚の２点を同時に触れるとき，この２点の距離が短いと１点と感じる。２点が２点と識別できる最低距離を**二点識別閾値**というが，これは皮膚の部位や方向でばらつきがあり，指先では2〜3 mm，腹部・胸部では30〜40 mm である。これらは感覚受容器の密度や，表皮の厚さなどが関係している（吉岡，2000）。

また，音叉など震えるものに触ると振動を感じる。この**振動覚**は，皮膚の無毛部，とくに指先の感受性が高く，骨も感受性は高い（吉村，2014）。糖尿病などによる神経障害のときには，振動覚がもっとも障害を受けやすく（吉岡，2000），50歳以上の人の下肢では減弱しやすい（田崎・斎藤，2006）。

触覚は出生時点でかなり発達しており，とくに口唇，鼻粘膜，舌，手の平，足の裏の順でよく発達している。感覚神経から視床までつながる経路は，在胎25週ですでに存在し，胎児期後期にかけて反応速度が向上していく。生後２歳ごろまで反応速度は急速に向上し，８歳ごろまでゆるやかに向上し，10代半ばから後半にかけて成人と同程度の反応速度に近づく（荒川，2009）。

2-3　温度覚の構造・機能と発達

温度覚は**温覚**と**冷覚**に分けられ，皮膚と刺激物との間の温度差によって生じる感覚である。そのため，同じ温度の水であってもそのときの皮膚温により，温かく感じたり冷たく感じたりする。また温度によって関与する感覚受容器が異なり，15℃以下あるいは45℃以上では，痛覚が生じる。温冷覚と痛覚はいずれも自由神経終末が感覚受容器として反応しているためである（吉岡，2000）。

温覚と冷覚を感じる箇所（温点・冷点）は触圧覚に比べて非常に少なく，温点は1 cm^2 あたり顔面や手指で１〜４箇所程度，その他の部位では１箇所以下である。一方で冷点は，鼻で８〜13箇所，手の平で２〜４箇所程度である（吉村，2014）。

また温度感覚はある種の化学物質でも引き起こされる。たとえばメンソールを塗ると冷たく感じ，トウガラシなどの辛み成分であるカプサイシンを塗ると熱く感じる（吉岡，2000）。これも自由神経終末がポリモーダル受容器であり，温度差だけでなく化学物質にも反応する性質を持っているためである。

新生児のおでこに冷刺激を与えると呼吸状態が変化し，様々な温度の水を入れた金属を皮膚に当てると表情や身体運動の変化が見られるが，新生児では約20℃以下および40℃以上で反応を示す程度であり，８か月児では30～43℃の範囲で６～７℃の温度差を感知する程度である（荒川，2009）。新生児の温度感覚は一定程度発達しているものの，その感受性は成人とは比較にならないほど低いと言える。

2-4　痛覚の構造・機能と発達

痛覚は，物理的，温度的，電気的，化学的な刺激が生体組織を大なり小なり損傷することによって生じる。すなわち痛覚は，生体への侵害刺激に対する危険信号であり，生体の防御システムとして生命維持に重要な役割を果たしている。そのため痛みには，持続的な痛み刺激に対する順応（慣れ）が生じず，逆に閾値の低下（痛覚過敏）が生じることも多い（吉村，2014）。

その一方で精神状態や鎮痛薬などの影響も受けやすく，また怒りなどの情動反応を引き起こしやすいことも特徴である。

痛覚には自由神経終末が大きく関与している。自由神経終末は皮膚表面だけでなく，全身ほとんど全ての部位（内臓，骨，筋肉，血管など）に分布している。痛覚がとくに鋭敏な箇所（痛点）の皮膚の分布密度は全身平均が100～200箇所/cm^2だが，手の平では少なく，前腕，大腿部では多い（吉村，2014）。

また痛みと痒（かゆ）みは，その原因物質（ヒスタミンなど）が相互に影響を与えており，両者は密接に関係している一方で，強力な鎮痛作用のある薬物が痒みを引き起こすこと（吉村，2014）などから，痛みの感覚とは異なる特性もある。痒みはまだ未解明なことの多い体性感覚である。

新生児は神経系が未成熟で痛みは感じないと考えられていたが，痛み刺激の伝達と知覚に関与する大脳皮質の組織は，受精後29週目にできあがり，25週齢で生まれた早産児も，足裏から針で採血するときには激しく抵抗するため，痛みを感じていると考えられる（Vauclair, 2004 明和監訳 2012）が，その感受性はその後の年齢層に比べて低いと見られる（荒川，2009）。

3 深部感覚

3-1 深部感覚の感覚受容器と神経系の構造・機能

私たちは目を閉じていても，身体各部位の動きや空間的位置関係がわかり，筋肉に力が入っていることを感じ，手に持った物の重さを感じることができる。それらを感じる働きを総称して**深部感覚**と呼ぶ。

深部感覚の主な感覚受容器は，骨格筋の組織内にある筋紡錘，骨格筋が骨に付着する部分（腱）にある腱受容器（腱器官），関節の内部やその周辺に存在する受容器（関節受容器）である。

筋紡錘は骨格筋の中に存在し，長さが6〜8 mm の紡錘形をしており，両端は筋繊維に付着している。腱受容器は筋と腱の移行部に存在し，長さが0.5〜1.2 mm である。いずれも筋や腱の収縮に反応し，四肢や関節の位置や運動に関する情報を中枢神経系に伝えている（高草木，2014）。

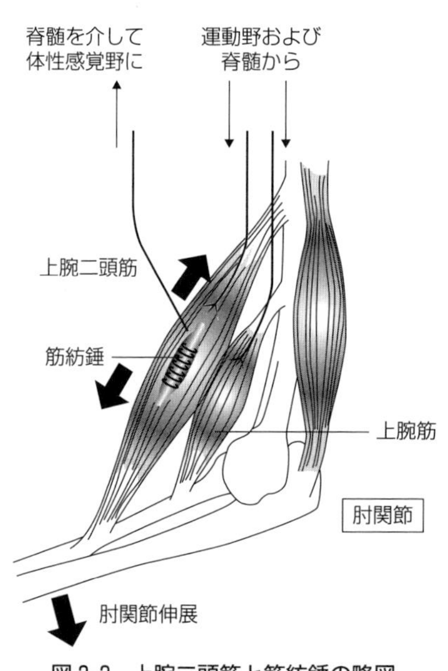

図 3-3 上腕二頭筋と筋紡錘の略図
（出所）高草木（2014）より一部改変

また，関節が動くとそれを包んでいる関節包が伸び縮みするため，関節受容器がそれを感知する。さらに関節周囲の皮膚には，ルフィニ終末やパチニ小体が存在し，皮膚の伸びや振動を感知している（図 3-3）。そして深部感覚を引き起こす刺激は骨格筋，腱，関節部の緊張の変化それ自体であるため，深部感覚は**固有感覚**（固有受容感覚）

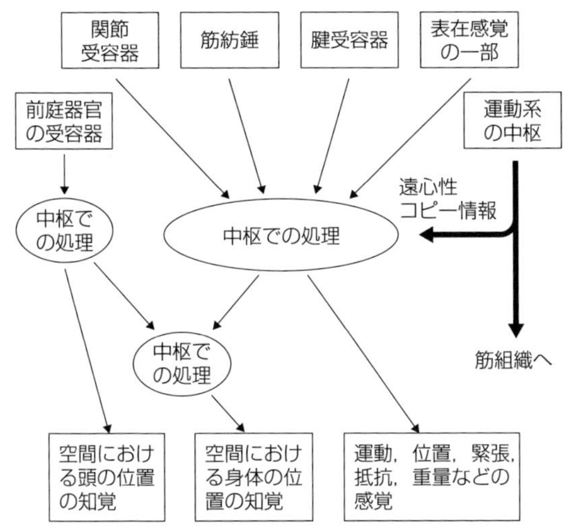

図 3-4　深部感覚の末梢情報と中枢処理の関係図

（出所）松田（2000）より一部改変

とも呼ばれる。

こうした感覚受容器で生じた感覚情報は，表在感覚と同様に感覚神経を通じて大脳皮質の体性感覚野に送られる。その一方で，脊髄での反射経路も存在し，姿勢保持や運動に深く直接的に関与しているという特徴がある。

そして深部感覚の感覚受容器は，そこからの個々の情報だけでは感覚を生起させるために必要十分な情報にはならず，いくつかの種類の感覚受容器からの情報が脳で統合・処理をされることで，各種の深部感覚が生じることとなる。その関係を図 3-4 に示す（松田，2000）。すなわち運動や身体各部の位置関係，緊張，抵抗，重量といった感覚は，筋紡錘や腱受容器，関節受容器，表在感覚の一部についての感覚情報が中枢で処理されることによって生じる。さらにこれには，運動系中枢からの遠心性コピー情報[1]が影響を与えている。また，空間における頭や身体の位置や姿勢の知覚には，これらの感覚情報に加えて後述す

➡1　遠心性コピー：運動中枢から感覚中枢に，脳内で運動情報が直接的に出力されること。深部感覚や表在感覚からの情報に先立って感覚中枢に入力されるため，運動に先立つ準備状態を整えたり，運動の調整をすることに貢献していると考えられる。

る**平衡感覚**（前庭感覚）からの情報も関与している。こうした複数の感覚が協調し，情報処理されることで私たちは自分の身体の位置や状態について的確に知ることができる。

そのため深部感覚は，感覚受容器から大脳の体性感覚野に至る経路の病変や損傷だけでなく，筋・腱の病変や損傷，運動系の障害によっても異常が生じ得る。

3-2　深部感覚の機能と性質

四肢体幹の運動や身体各部の動きを感知する機能が**運動覚**で，身体各部の空間的位置関係についての機能が**位置覚**である。手で持ち上げた物をそのまま持ち続けておくことができるのは，持ち上げた物の重さに見合うだけの力を入れ続けているためである。このときの持ち上げた物の重さとして感じられるものが**重量感覚**で，その重さに逆らうように入れている力の感覚が**力覚**である。しかし「重い—軽い」といった感覚は知覚的な判断であり，触圧覚や視覚の影響も受ける。また持ち続けていると，あまり重くない物に対しては重さを意識しなくなり，かなり重い物に対しては耐えられないくらい重く感じるようになる。そのため軽重の判断は，個人の経験やその場の文脈にかなり依存したものと言える（松田，2000）。

私たちが手元を見なくても食物を口に運び，足元を見なくても階段を上り下りできるのは，各種の感覚系や運動系の情報が高度に統合されているためである。それは生まれてから成長するまでの過程で，自分自身の身体の動きや姿勢，大きさなどについてのイメージ，すなわち**ボディ・イメージ**（**身体像**）を確立してきたためと言える。

4　体性感覚に関連する感覚

4-1　内臓感覚の感覚受容器と神経系の構造

身体内部の消化器系，循環器系，呼吸器系，泌尿器系などの内臓系で生じる様々な感覚は**内臓感覚**と総称される。その基本的な機能は，空腹や渇きの感覚，吐き気，息苦しさ，便意や尿意など，内臓器官の状態を検知するものである。

内臓感覚の感覚受容器は，内臓器官に広く分布する自由神経終末，圧受容器，伸張受容器，温度受容器，化学受容器などである（松田，2000）。内臓感覚の大部分は視床より下の神経レベルで処理され，意識に上ることはほとんどないままその情報に対する反応が生じ，生体の恒常性の維持（**ホメオスタシス**）に貢献している（吉岡，2000）。

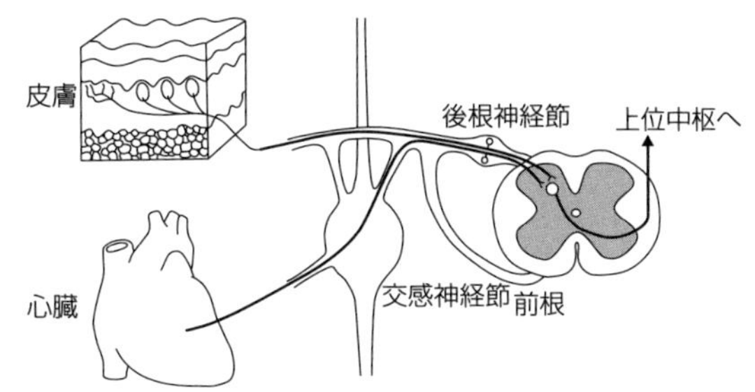

図 3-5　内臓痛と関連痛の関連についての略図

（出所）吉岡（2000）

内臓や血管を構成する平滑筋は，物理的刺激や熱刺激では痛みを生じないが，内臓はしばしば激しい痛みを引き起こす。これは平滑筋の強い収縮によるものと考えられている（吉村，2014）。この内臓痛覚の受容器は自由神経終末であるが，その分布は内臓部位による差が大きく，たとえば肝臓には分布しないが，腹膜での密度は高い（吉岡，2000）。内臓痛覚は大脳皮質感覚野に伝えられるが，一部は途中で**脳幹網様体**に至り**自律神経**系の反射により，血圧上昇や発汗などの反応を引き起こす（吉岡，2000）。

また内臓などの深部組織で生じた痛みは，その感覚神経が通じる脊髄レベルと関連した皮膚部位にも痛みを感じさせる「関連痛」を生じさせることがある。たとえば心筋梗塞などで生じる痛みは，胸部と上腕内側の皮膚に痛みを伴うことが多い。これは内臓からの感覚神経と皮膚からの感覚神経が脊髄で同じ神経につながっていることから，あたかも皮膚に痛みを感じているように判断してしまうためである（図3-5）（吉村，2014）。

4-2　内臓感覚の機能と性質

空腹と渇きの感覚は，内臓感覚の代表的なものであるが，特定の感覚器官や身体の一部の反応によるものではなく，複合感覚の性質を有している。私たちは，口やのどに渇きを感じたときに「のどが渇いた」と表現するが，渇き感はこれだけではなく，身体の水分不足（脱水）が，身体を構成する細胞の容積減少や細胞外の溶液減少によって検知されることによって生じる（松田，2000）。

胃が空っぽになったときに「おなかが減った」と空腹感を感じるが，これ以外に細胞の重要なエネルギー源であるブドウ糖の血中濃度減少を検知して，それが食物欠乏の情報になる。また空腹感や食欲には，心理的要因や社会的・文化的要因が大きく関係する（松田，2000）。情緒的な問題から空腹感をあまり感じなかったり，満腹であっても他者がおいしそうに食べている姿を見ると食欲がわいてきたりするのが一例である。

吐き気は胸部の不快感であり，激しくなると嘔吐を引き起こす。吐き気の原因は消化器に限らず平衡感覚など様々で，中枢神経系の刺激や心理的要因でも生起する。尿意は尿の貯留などによって膀胱壁が引き伸ばされることで生じる感覚で，それは必ずしも蓄尿量とは一致しない。便意は結腸内の便が直腸に移動することなどにより，直腸壁が引き伸ばされることによって生じる（吉岡，2000）。

通常，循環器系や呼吸器系の活動は意識に上らないが，感覚神経を介して自律神経系によって調節されている。心臓から拍出される血液量や血圧は，心臓近くの太い血管に存在する圧受容器や心臓にある伸張受容器によって検知され，調整されている（吉岡，2000）。呼吸系は，脳幹や頸動脈，大動脈の周辺にある化学受容器によって，血液中の酸素濃度の低下，二酸化炭素濃度の上昇，pH（水素イオン濃度）低下が検知される（中野，2000）。こうした普段の呼吸調節が意識されることはほとんどない。

4-3　平衡感覚の感覚受容器と神経系の構造

平衡感覚（または前庭感覚）は三半規管と耳石器という感覚受容器で検知され，体性感覚には含まれない。しかし頭部の傾きを検知し，深部感覚とともに姿勢調節に重要な役割を果たすため，深部感覚と合わせて自己受容感覚と呼ぶこともあり，両者は密接な関係にある。そのため本章では平衡感覚についても解説する。

三半規管は3個の管状の構造物（半規管）から成り，卵形嚢につながる部分が半規管膨大部で，この中に感覚細胞が存在する。感覚細胞は，半規管の中のリンパ液の流れを検知し，頭部の回転を感じ取る。卵形嚢と球形嚢には別の感覚細胞があり，頭部に生じた傾きや加速度を検知する（図3-6）（杉内，2014）。

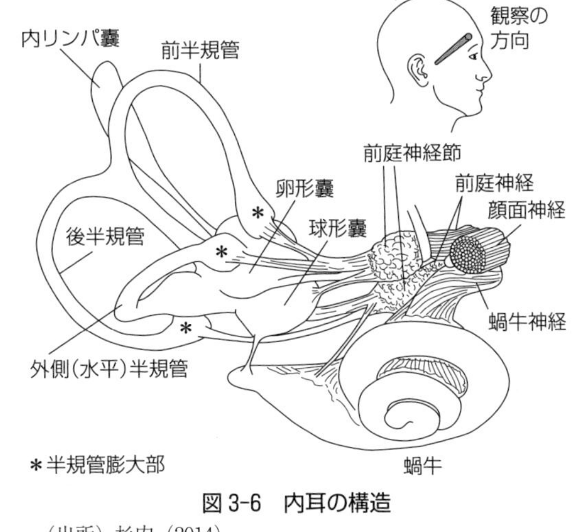

図3-6　内耳の構造

（出所）杉内（2014）

そして検知された情報は，前庭神経と呼ばれる感覚神経を介して自律神経系や運動系に伝えられ，身体の筋緊張の調節や保持，姿勢反射に貢献している。

4-4　平衡感覚の機能と性質

身体の平衡を調節する反射は，静的反射と動的反射に分類され，静的反射は，静かに直立しているときのように，身体運動を伴わない場合の身体各部の平衡を維持する機能である（松田，2000）。目隠しをして身体を傾けても，頭を真っすぐに保とうとする頭の立ち直り反射がこれに相当する。動的反射は，運動に際して生じる身体の不均衡を未然に制御する反射的運動である。ネコが落下するときに，最初の姿勢に関係なく足から着地することが知られているが，これは動的反射の典型例である。

いずれの場合も，頭や身体の方位や位置，その変化に即応してつねに身体全体を安定した平衡の状態に維持する働きを有している。これが適応的に機能しないときに，めまいや顔面蒼白，冷や汗，むかつきなどの自律神経系の反応が起こることがあり，その典型例は乗り物酔いである（松田，2000）。

4-5　多感覚相互作用

私たちの感覚・知覚体験は，視覚や聴覚などそれぞれの感覚様式が分離・独立しているわけではなく，互いに密接な関係で結ばれている。

たとえば，「Ba（バ）」という音声とともに，唇の動きが「Ga（ガ）」である顔の映像を合成して一緒に映すと，それを視聴している人には「Da（ダ）」の音に聞こえるという現象がある（**マガーク効果**）。これは視覚情報（唇の動き）が音声の知覚に影響を与えている（実際の「Ba（バ）」ではなく「Da（ダ）」に聞こえてしまう）ことを示している。私たちは外界を知覚する際に，視覚や聴覚，体性感覚などの異なる感覚情報を組み合わせ，相補的な情報処理を行っており，こうした現象は**多感覚相互作用**（**多感覚統合**）と呼ばれる（日高，2017）。

多感覚相互作用の研究は視覚と聴覚に関連するものが多く，そのどちらかが優位に働く場面や条件について長らく研究されてきた。近年は脳内活動を測定することで，異なる感覚情報がどのように統合されるかについての研究が多くなされている。そして最近は多様な感覚情報間の相互作用が検討され始めており，視覚＋触覚，聴覚＋触覚，視覚＋体性感覚，視覚＋聴覚＋触覚＋嗅覚などの多感覚認知メカニズムの解明に向けた研究が行われている（安藤他，2018）。こうした研究はVRを含んだ新しい情報通信技術の開発に不可欠な領域となっている。

5　体性感覚と心理臨床

5-1　外界とのかかわりの最初の入り口

胎児の感覚系は，視覚以外は出生前において機能的には成熟した状態にある。これらの感覚系の発達順序は脊椎動物に共通しており，皮膚感覚→平衡感覚→嗅覚と味覚→聴覚→視覚である（Vauclair, 2004 明和監訳 2012）（表3-2）。

触覚刺激に対する反応は，きわめて早期から見られる。受精後8週では，胎児の頬を軽く刺激すると防御の動きが引き起こされる。平衡感覚も早く，三半規管は8週目から発生し始め，胎児は平衡を維持するために羊水の中でその姿勢をたえず変化させている。嗅覚と味覚は，14週ごろからそれに関連する神経組織が機能し始め，4か月経つと胎児の鼻腔をふさいでいた組織がなくなり，羊水の吸い込みと飲み込みが同時にできるようになり，匂いや味を体験するようになる。聴覚も24週ごろには完全に機能するようになり，27週目以降には外界の音に反応するようになる。そして視覚系は一番遅く発達することが知られている。生後すぐから，口による探索が始まり，手の平や指による探索が生じる。そして次第に視覚や聴覚との統合がなされる（Vauclair, 2004 明和監訳 2012）。

表3-2　胎児の感覚能力の発達カレンダー

感覚	構造的発達	機能的発達
皮膚感覚	7週	11週
平衡感覚	8週	21週
嗅覚と味覚	7-11週	24週
聴覚	8週	24週
視覚	10週	誕生時（?）

（出所）Vauclair（2004 明和監訳 2012）

乳幼児や重症心身障害児者が外界とのかかわりで活用しやすい感覚について支援者が理解するためにも，こうした感覚能力の発達を理解しておくことは有用である。

5-2　ボディ・イメージ／シェーマの獲得

ボディ・イメージ（**身体像**）や**ボディ・シェーマ**（**身体図式**）という用語は，発達支援や障害児者支援の領域でしばしば用いられており，自己身体に関する内的な表象を意味している。それぞれの定義や区別は明確ではないものの，ボディ・シェーマは体性感覚的に把握された自己身体についての無意識的な表象で，ボディ・イメージはそれに視覚的イメージを含んだ意識的な表象と言われる（浅野，2012）。

ボディ・イメージの研究は，**幻影肢**や**幻影肢痛**（第5章参照）についての報告から始まり，個々人が持っている身体の空間像と言われるようになり，病理的問題から次第に一般的な事象として取り扱われるようになった。その後，視覚的イメージを伴わず無意識的で，身振りの空間と対象の空間との関係を示す意味でボディ・シェーマの用語が使われるようになる（石倉，2015）。

ボディ・イメージやボディ・シェーマの形成プロセスは明らかではないが，

いずれにおいても身体の動きとその動きに関する感覚が必要であることは否めない。すなわち，日常生活における身体的活動とそれによって生じる体性感覚が基盤となって，自己身体についてのイメージやシェーマが獲得される。そしてそれは生涯を通じて不変のものではなく，身体的成長や老化，運動機能の変化などによってつねに変わり続けている。

5-3　自他の分化と外界への意図的なかかわりの基盤

乳児は非常に早い時期（あるいは胎児期）から自分の手を口に持っていき，生後２～３か月までには，自分の手足を視界に入れてそれを動かしたり眺めたりする。こうした動きは何度も繰り返され，また誰かと一緒にしなくても一人で熱中するように行われる。これによって乳児は自分の身体を特定する情報を選び出し，自分の身体に気づくことになる。すなわち，自分の手と口が触れ合うときには，手指の表在感覚や深部感覚と口腔周囲の表在感覚や深部感覚が同時に生じている。それらの感覚が同時に生じるのは自分の身体だけであり，外界にある他の物や他者とは異なる，明確に分化された自分の身体の存在に気づくようになる最初の段階と言える（石倉，2015）。

そして乳児は生後２か月ごろから，外界にある対象物を触ったりつかんだりするような探索行動をし始める。そして自分が触ったりつかんだりした対象物が動いたり，音を出すなどの変化が生じることを理解する。すなわち，深部感覚や表在感覚を基盤とした探索活動を行い，その結果生じた外界の変化を視覚や聴覚で感じ取っている。そうした活動を通して，乳児は自らが外界に影響を与えることのできる存在であることに気づくようになり，それが外界に意図的なかかわりを始める基盤になる（石倉，2015）。

初期発達段階における，こうした自他の分化と外界への意図的なかかわりの基盤の形成には，体性感覚が深くかかわっている。これは，発達支援や重い障害のある人たちへの心理的支援，あるいは自他の分化が不明確になるような精神疾患や神経疾患のある人たちとの心理臨床においては，重要な意味をもつものである。

❖考えてみよう
- 体性感覚にはどういった感覚が含まれているか，整理してみよう。
- VR が仮想的に感覚を生じさせるために重要なことは何だろう。
- 障害のある人についての理解をする上で，体性感覚はどのように役に立つだろう。

もっと深く，広く学びたい人への文献紹介

秋田 巌（編）(2017)．日本の心理療法身体篇　新曜社
　☞体性感覚を中心とした，身体性と深くかかわる日本らしい心理療法を紹介している。

宇佐川 浩（2011）．感覚と運動の高次化による発達臨床の実際　学苑社
　☞感覚と運動に関する知見を障害児の発達臨床に活かすための具体的方法を学ぶことができる。

ロシャ，P.　板倉 昭二・開 一夫（監訳）(2011)．乳児の世界　ミネルヴァ書房
　☞乳児の自己・他者理解と体性感覚の関係を理解するのに役立つ。

引用文献

安藤 広志・和田 充史・坂野 雄一・カラン 明子・Mokhtari, P.・Liu, J.・西野 由利恵・對馬 淑亮・Nawa, N. E.・Callan, D.・Joachimczak, M. (2018)．多感覚情報処理の脳・認知メカニズムの解明とその応用　情報通信研究機構研究報告，*64*(1)，39-49.

荒川 千賀子（2009）．体性感覚　馬場 一雄（監修）　新版小児生理学（pp. 175-180）　へるす出版

浅野 大喜（2012）．リハビリテーションのための発達科学入門――身体をもった心の発達――　協同医書出版社

日高 聡太（2017）．多感覚相互作用の諸相――学習・知覚の抑制・個人差――　*The Japanese Psychonomic Society*, *36*(1), 125-128.

石倉 健二（2015）．障害児・者の原初的自己の発達と統合に向けた心理的援助　風間書房

松田 隆夫（2000）．知覚心理学の基礎　培風館

中野 昭一（2000）．呼吸器系　中野 昭一（編）　図解生理学 第2版（pp. 127-154）　医学書院

仲谷 正史・筧 康明・三原 聡一郎・南澤 孝太（2016）．触楽入門　朝日出版社

杉内 友理子（2014）．平衡感覚　小澤 瀞司・福田 康一郎（監修）　標準生理学 第8版（pp. 254-262）　医学書院

高草木 薫（2014）．脊髄反射　小澤 瀞司・福田 康一郎（監修）　標準生理学 第8版（pp. 310-328）　医学書院

田崎 義昭・斎藤 佳雄（2006）．ベッドサイドの神経の診かた 改訂16版　南山堂

Vauclair, J. (2004). *Développement du jeune enfant: Motricité, perception, cognition.* Paris: Belin.

（ヴォークレール，J.　明和 政子（監訳）（2012）．乳幼児の発達――運動・知覚・認知――　新曜社）

吉村 恵（2014）．体性感覚　小澤 瀞司・福田 康一郎（監修）　標準生理学 第8版（pp. 218-231）　医学書院

吉岡 利忠（2000）．感覚系　中野 昭一（編）　図解生理学 第2版（pp. 475-508）　医学書院

第4章　味覚・嗅覚
——味・ニオイの知覚の仕組みとその特徴

綾部早穂・小川　緑

味覚は，口にする物が腐っていないか毒物ではないのかなどの判断，**嗅覚**は，食べ物が食べられるか否かの判断に加え，周囲の環境の異変の察知といった，生きるために必要な役割を担っている。しかし，現代では生存のための機能以上に，生活の質を向上させるための味覚や嗅覚の役割が見直されている。本章では，味覚と嗅覚の知覚の仕組みについての基礎的な知識や知覚の特徴について学ぶことを目的とする。まず，味覚と嗅覚の神経基盤について概説したうえで，それぞれの知覚の特徴に関する知見を紹介する。また，味嗅覚の障害についても簡単に触れる。

1　神経基盤

1-1　味　覚

私たちが日常的に言う「食べ物の味」には，舌で感じる（味細胞の味覚受容体に味物質が受容され，味覚神経系から脳へと電気信号が伝達されることにより知覚される）味に，ニオイや食感（口腔内触感覚等），色，咀嚼時に発する音など様々な感覚情報が統合されている。**味覚**として，5基本味と呼ばれる甘味，苦味，酸味，塩味，うま味が挙げられ，それぞれの味の質（味質（みしつ））を呈する物質の受容の仕組みが異なる。この他にも，辛味，脂味，金属味なども報告されており，5基本味だけで多用な味覚を説明することは難しく，味覚は一つの連続体であるとの考えも存在する（斉藤，1994）。

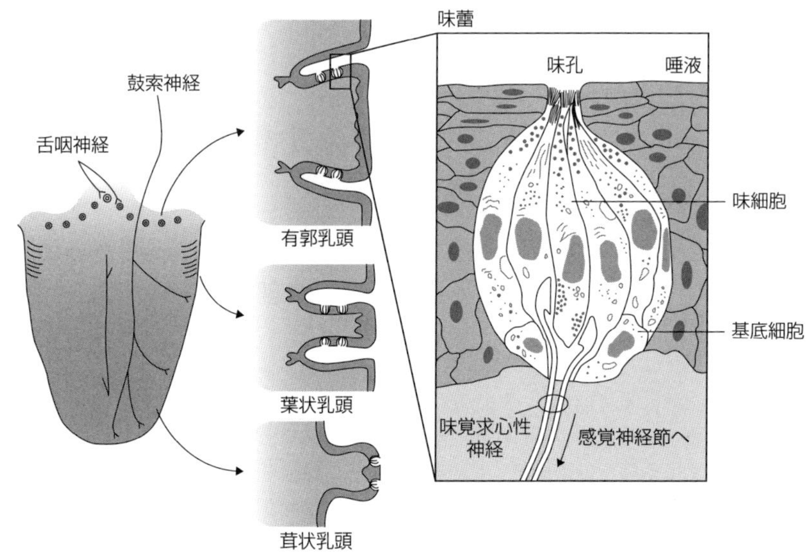

図 4-1　舌上の味覚受容体の分布と味覚受容体の構造

（出所）Buck & Bargmann（2000）（Chapter 32, Fig. 32-14を B 改変）

味蕾(みらい)は数十個の細長い紡錘形の味細胞とそれらを支える基底細胞から構成されており，舌前方部の**茸状乳頭**(じじょうにゅうとう)の上部に数個，舌の咽頭側脇面にある**葉状乳頭**(ようじょうにゅうとう)の溝内に多数，舌の根元の**有郭乳頭**(ゆうかくにゅうとう)の円形の溝に 7 ～ 8 個の味蕾が存在している（図 4-1)。これ以外に，軟口蓋の粘膜内にも味蕾は存在しており，舌部と合わせておよそ7500個の味蕾がある（乳児ではおよそ 1 万個の味蕾があると推定されており，成長に伴って減少する)。舌部位により，味質に対する感度の差異も報告されているが（e.g., Sato, Endo, & Tomita, 2002)，味蕾が存在する箇所であれば，全ての味質を同等に感じることができる。

味蕾の味細胞は味物質による刺激によって活性化し，味物質の情報は電気信号に変換され，中枢神経系に送られる。舌前方の味蕾からの情報は**鼓索神経**(こさくしんけい)，舌後部の味蕾からは，**舌咽神経**(ぜついんしんけい)を通って大脳皮質（一次味覚野）に至る。一次味覚野は中心溝の下部，頭頂弁蓋部と後部島皮質の移行部に位置していることが明らかにされている（小早川・小川，2018)。

1-2 嗅　覚

私たちが日常で感じる「何か」のニオイは，複数の化学物質（私たちにニオイを感じさせる物質はとくにニオイ物質と呼ぶ）の混合物である。コーヒーのニオイは，コーヒーのニオイを感じさせる単一のニオイ物質によって生じるわけではない。

単体のニオイ物質は推定で40〜50万種類あるとされる。空気中に漂うニオイ物質が吸気によって，もしくは飲食中に喉から鼻に抜ける空気によって鼻腔内に入る（図4-2)。鼻腔内に入ったニオイ物質は，鼻腔上部の嗅上皮（きゅうじょうひ）にある**嗅細胞**（きゅうさいぼう）の**嗅覚受容体**（きゅうかくじゅようたい）で，嗅覚受容体の構成に応じて選択的に受容される。嗅上

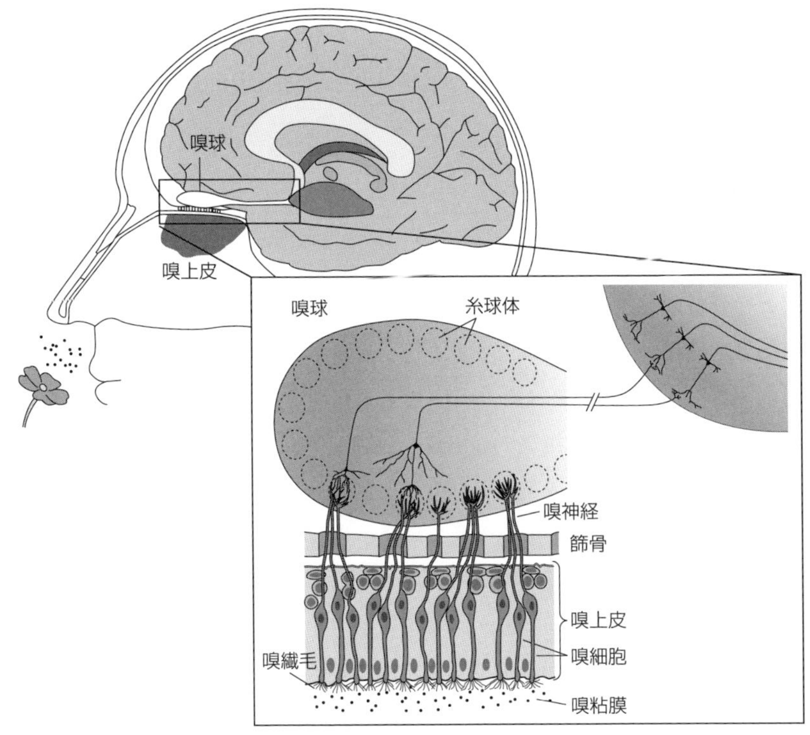

図4-2　嗅神経系

（注）嗅細胞で得た情報は，篩骨の小孔を通る嗅神経を介して糸球体へ送られる。

（出所）Buck & Bargmann（2000）（Chapter 32, Fig. 32-1を改変）

皮は嗅粘膜で覆われていて，嗅粘膜には嗅細胞から伸びている嗅繊毛があり，嗅繊毛の先には嗅覚受容体が存在する。ヒトの嗅覚受容体（を発現させる遺伝子）は現在のところ，およそ400個あるとされている（Matsui, Go, & Niimura, 2010）。ニオイ物質と嗅覚受容体の結合関係は1対1ではなく，一つのニオイ物質は複数の嗅覚受容体と結合し，一つの嗅覚受容体も複数のニオイ物質と結合することができる。

嗅覚受容体においてニオイ物質を受容することで活性化した嗅細胞の情報は電気信号として一次中枢である**嗅球**へ嗅神経を介して送られる（図4-2）。同じ嗅覚受容体をもつ嗅細胞の神経軸索（嗅索）は嗅球の同一部位に投射され，**糸球体**を形成している。ニオイの情報は，嗅球からは，扁桃体，視床下部，前頭眼窩野背側部を経由する神経路と，梨状皮質，視床背内側核，前頭眼窩野中央後部を経由する神経路を通り処理されると考えられている。

2　知覚の特性

2-1　味覚：味覚とその他の感覚の相互作用

味の知覚は身体的・心的負荷（e.g., Ileri-Gurel, Pehlivanoglu, & Dogan, 2013）や感情状態（e.g., Noel & Dando, 2015）によって変化が生じることが報告されている。また，1節で述べたように「味」は味覚から感じられるものだけで説明できるものではない。視覚（e.g., Piqueras-Fiszman, Alcaide, Roura, & Spence, 2012），聴覚（e.g., Wang & Spence, 2016），触覚（e.g., Barnett-Cowan, 2010）などの他の感覚が味知覚に影響を与えている。とくに，影響が大きいとされているものが嗅覚である。視覚と味覚（または嗅覚）刺激の組み合わせでは，600ミリ秒の呈示時間のずれは両刺激が同時に呈示された感覚を生じさせないが，味覚と嗅覚の刺激の組み合わせの場合は，600ミリ秒以上のずれでも両刺激の同期の感覚を生じさせることが報告されている（小早川・後藤，2018）。このことは，他感覚間の組み合わせと比較して，味覚と嗅覚への刺激を分離して知覚することが困難であることを示している。嗅覚が味覚に影響する例としては，味覚の検知しやすさの向上（Djordjevic, Zatorre, & Jones-Gotman, 2004a）や，味質と印象が一致するニオイ（甘味とイチゴのニオイ）による味覚強度の促進（e.g., Djordjevic, Zatorre, & Jones-Gotman, 2004b）が多くの研究により報告されている。これらの**味覚と嗅覚の相互作用**の生起は，日常生活（食事場面）で接する機会が多い組み合わせに見られる。

また，味知覚における男女差について，一般に男性よりも女性の方が，味覚感受性が高いと言われている。たとえば，特定の苦味物質（6-propyl-2-thio-uracil など）に対する苦味感度について，女性の閾値が低い（高感受性）ことがいくつかの研究で報告されている（e.g., Bartoshuck, Duffy, & Miller, 1994）。もっとも，味覚の男女差はいまだ明確でない。

2-2　嗅覚：不安定なニオイの知覚

ニオイの知覚は，嗅覚の神経基盤から考えても非常に複雑である。これまでに，ニオイ物質の化学的構造から知覚されるニオイの質を予測・分類する試み（e.g., Keller et al., 2017）や主観評価にもとづくニオイの分類（e.g., Zarzo & Stanton, 2009）が行われているが明確な知見は得られていない。個人のニオイの知覚は，その個人が幼少期からどの程度の頻度で，どのぐらいの種類のニオイをどのような環境・状況で嗅いできたのかといった個人の嗅覚経験に依存するためである。比較文化研究としては，果物や花のニオイについて，知覚される質の分類を3国間で検討したところ，フランス人とアメリカ人は果物と花に分類したが，ベトナム人はニオイの強さなどにもとづく分類を行ったことが報告されており（Chrea, Valentin, Sulmont-Rossé, Mai, Nguyen, & Abdi, 2004），文化的背景の違いによりニオイの知覚が異なることが示されている。

また，ニオイの知覚は個人内においても一貫しにくい。ニオイの質の知覚について，混合臭に反復接触することにより，混合臭を構成する要素（ニオイ）の弁別性が向上することが報告されている（e.g., Le Berre, Jarmuzek, Béno, Etiévant, Prescott, & Thomas-Danguin, 2010）。一方で，弁別性が低下するという報告もされている（e.g., Stevenson, 2001）。知見は一致していないが，反復接触によって，ニオイの弁別性は変化し，事前の接触経験の影響を受けて，個人内でもニオイの質の知覚が変容することがうかがえる。

さらに，ニオイと同時に呈示された言語ラベルによって，同じニオイであっても，異なった質が知覚されることがある。たとえば，干しブドウのニオイに対し，干しブドウとラベルを付けて呈示した場合の方が，汗の染みたシャツとラベルをつけて呈示した場合よりも快であると評価され，同じニオイであっても，付された言語ラベルにより快不快度が異なる（杉山・綾部・菊地，2000）。また，同じピーナッツのニオイでも，非食品のニオイを嗅いだ後では，事前に他のニオイを嗅がなかった場合よりも，ポジティブな印象が低下することが報告されている（中野，2015）。このように，ニオイは事前の接触経験やニオイ以外から得られる文脈の情報によって，知覚が変容しやすいという特徴がある。

3 快不快（好き嫌い）

3-1 味覚：食習慣と味の嗜好

ヒトの味蕾は胎児期14～15週には形成されて成人と同様の形となり，40週になると味蕾に対する神経支配も完成する。また，胎児期に母親（の羊水）を介して接触したニンジンジュースのフレーバー（味嗅覚）が出生後24週において好まれる（Mennella, Jagnow, & Beauchamp, 2001）など，胎児期から**味知覚の学習**が始まっていることも示されている。

新生児の味蕾は成人よりも多いため（1節参照），味覚が敏感であるとされる。新生児や乳児は，生存に必要なエネルギーを得るための選好として，とくに甘味とうま味を好む（武藤，2018）。生得的な選好が存在する一方で，味の好みおよび食嗜好は食経験（食習慣）により変化していくことも考えられる。食嗜好は幼少期に形成され（e.g., Vereecken, Rovner, & Maes, 2010），この嗜好は長く維持されることが報告されている（Mikkila, Rasanen, Raitakari, Pietinen, & Viikari, 2005）。子ども（5～9歳）は，とくに甘味を他の味質よりも好み，苦味の嗜好度はもっとも低いが，高齢者（60～85歳）は苦味をもっとも好むことが示されており（大森，2013），世代間で味や食品の嗜好に違いがある。この嗜好傾向と味の検知・認知閾値との関連は部分的にしか確認されず，加齢による味覚感度の低下ではなく，様々な食品を経験することによる**食の嗜好の変化**を表している。

味覚感度について，3～6歳児の甘味の閾値は成人よりも高いが，苦味に対しては成人と同程度の閾値を示す（Visser, Kroeze, Kamps, & Bijleveld, 2000）。8～9歳になると多少の男女差，味質による違いは見られるものの成人と同程度の閾値を示すようになる（James, Laing, & Oram, 1997）。味覚感度の変化は，末梢（味細胞）の機能の変化ではなく，中枢（脳）における知覚，認知処理の違いによるものと考えられる。ごくわずかに味を感じる程度の濃度の甘味溶液に対して，味を感じないと報告した子どもは，1989年調査時よりも（男児が８％，女児が３％），2010年調査時（男児が20.5％，女児が38.1％）の方が多かった（神田，2019）。塩味においても同様で，同年齢でも，調査年代によって味覚感度に違いが示された。近年は食の欧米化が進み，甘味や塩味の濃い食品が増え，これらに頻繁に接触し，慣れることで感度低下が生じたと解釈されている。味覚感度についても，食習慣の影響を受けると言える。

3-2　嗅覚：経験により形成されるニオイの嗜好

ヒトのニオイに対する快不快は，**ニオイの経験**にもとづく連合学習により形成されると考えられる。ヒトの嗅覚器官は胎児期12週ごろまでに形成され，24週ごろには機能し始める。

新生児，乳児や幼児のニオイの嗜好は成人とは必ずしも一致しない。２歳児はバラ臭（βフェニルエチルアルコール）と糞便臭（スカトール）を同程度に好み（大人は糞便臭よりバラ臭を好んだ），児童期になると大人と同様の嗜好を示すようになる（綾部・小早川・斉藤，2003）。

ニオイの嗜好形成はニオイへどのような状況（もしくは環境）でどのくらいの頻度で接触したのかに影響される。母親の乳首にカモミールを塗布し，授乳時に乳児がニオイを感じるようにして，生後４日から１か月間接触させ続けたところ（Allam, Soussignan, Patris, Marlier, & Schaal, 2010），非接触のニオイよりも，カモミールのニオイがつけられたおしゃぶりやおもちゃで，より長い時間遊ぶことが示された。バニラフレーバーの粉ミルクで育てられた子どもは，成長後もバニラフレーバーへの選好を示した（Haller, Rummel, Henneberg, Pollmer, & Köter, 1999）。これらの研究は，養育者である母親から感じたニオイ，授乳という生存のために必要な行動と同時に感じたニオイに対する選好を示しており，生存に重要な人物や行動と対呈示されたニオイの連合が形成された結果，そのニオイの選好が形成されたと考えられる。

ニオイ物質とともに，もしくはニオイを知覚する前に得られる他感覚からの情報（e.g., Barket, Poncelet, Landis, Rouby, & Bensafi, 2008；Nakano & Ayabe-Kanamura, 2017）や言語情報（e.g., Herz & von Clef, 2001）により，ニオイの快不快は変容する。言語情報によるニオイの快不快の変容は５～６歳児においても確認されており（Bensafi, Rinck, Schaal, & Rouby, 2007），ニオイに関する**言語的知識**（意味情報）が取得されれば，ニオイの快不快はその影響を受けることが示されている。

ニオイの快さは，そのニオイを経験した文脈や記憶，ニオイの発生源から得た意味情報の影響を受けると考えられる。ニオイの物理化学特性から快（もしくは不快）と予測されるニオイに対する快さの評価において，子どもと高齢者は，予測どおりに快なニオイと不快なニオイ間の快さに差が見られたが，若齢成人では，ニオイ間の快さに差が見られなかった（Poncelet, Rinck, Ziessel, Joussain, Thevenet, & Rouby, 2010）。子どもは嗅覚経験の不足のため，高齢者は認知機能低下による記憶へのアクセス困難さのため，ニオイの記憶や知識ではなく感覚入力（ニオイの物理化学特性）にもとづき，快さが評価されたが，若齢成人は個々人の経験にもとづく記憶により快さが評価されたため，ニオイ間の快さは多様となったことが示唆されている。このことは，ニオイの快不快の判断にはニオイの経験や経験から得られる知識が大きく影響していることを示している。

4 障　　害

4-1 味覚障害

味覚障害は顔面神経，咽頭神経に起因する口腔内特定領域の障害である部位的障害のほかに，量的障害，質的障害がある。量的障害はさらに，味をまったく感じない味覚脱失，味を薄く感じる味覚低下・減退に分けられる。質的障害の症状は様々あるが，口の中には何もないにもかかわらず特定の味が持続する（**自発性異常味覚**），本来感じられるべき味とは異なった味を感じる（**異味症**），特定の味質だけがわかりにくい（**解離性味覚障害**），何を食べても嫌な味になる（**悪味症**）などがある。

味覚障害の要因は，体内や口腔環境の変化，味覚受容体や顔面神経に起因するなど，いくつか挙げられるが，近年では心的ストレスに起因する症例が増加している。また，心因性味覚障害の場合，量的障害に加え，異味症や自発性異常味覚などの質的障害が見られるほか，舌の痛み，口の渇きを感じている患者が多いとされている（前田・任・福永・梅本・阪上，2016）。味覚機能の低下は軽度にもかかわらず，主観的に評価した味質強度は低く，機能的評価と主観評価の間に乖離が見られることが心因性味覚障害の特徴とされている。

4-2 嗅覚障害

嗅覚障害は，ニオイの感じ方が弱くなる（**嗅覚低下・減退**），ニオイをまったく感じなくなる（**嗅覚脱失**）といった量的障害とニオイの感じ方に異常が生じる質的障害に分類される。多くの嗅覚障害は，ニオイの受容や知覚に関連する嗅覚系の障害により生じるが，自分が異臭を発していると思い込んでしまう**自己臭症**といった精神性の症状も存在する。

嗅覚障害の原因の多くは，慢性副鼻腔炎，感冒罹患（末梢神経系における障害）とされるが，頭部外傷や脳腫瘍，神経変性疾患（パーキンソン病，アルツハイマー型認知症）などの疾患が原因となり嗅覚中枢において障害が発生する場合もある。パーキンソン病やアルツハイマー型認知症においては，初期段階から嗅覚障害が発症することが報告されており，これらの疾患を診断する際の指標の一つとされている（次節にて詳述）。また，原因不明の突発性嗅覚障害も少なくない。

質的嗅覚障害には，**異嗅症**（いきゅうしょう），**嗅覚過敏**などが含まれる。異嗅症とは，実際に嗅いだニオイの感じ方が以前と異なる場合（刺激性異嗅症）とニオイを嗅いでいないのにニオイを感じる場合（自発性異嗅症）がある。後者は，ニオイを嗅いだ後にずっと鼻の中にニオイが残っているように感じるなどと報告され，実際に鼻腔に取り込まれたニオイ物質が消失しても，長期間ニオイを感じる状態である。どちらの場合も，感じるニオイの質は不快なものであることが多い。異嗅症は多くの場合，感冒罹患後に発症するが，症状を自覚するまでに3か月程度要する。また，量的嗅覚障害との併発が多く，量的嗅覚障害の回復とともに異嗅症の症状も回復する。

嗅覚過敏は，嗅覚閾値は正常者と差異がないにもかかわらず，わずかなニオイでも強く不快に感じることである。シックハウス症候群や化学物質過敏症の症状の一つである。自閉スペクトラム症においても嗅覚過敏が報告されている。熊崎（2016）によると，自閉スペクトラム症児からは「ペンキのニオイが嫌で図工室に入れない」，「おぼんのニオイが嫌でおやつが食べられない」などの訴えがあるという。自閉スペクトラム症児の方が定型的発達児よりも嗅覚閾値が高いという報告（Dudova, Vodicka, Havlovicova, Sedlacek, Urbanek, & Hrdlicka, 2011）がある一方，差異はない（Suzuki, Critchley, Rowe, Howlin, & Murphy, 2003）とする報告もあり，知見は一致していない。自閉スペクトラム症における嗅覚過敏を含む嗅覚障害について医学的な解明はまだ進んでいない。

4-3　神経変性疾病と嗅覚障害

嗅覚障害は様々な神経変性疾病に認められている（飯島，2018）（表4-1）。中でもパーキンソン病，アルツハイマー型認知症，レビー小体型認知症では，主症状が現れる前から嗅覚障害が見られることが多い。

表 4-1　神経変性疾病における嗅覚障害の程度

疾患	嗅覚障害の程度
パーキンソン病	＋＋＋
レビー小体型認知症	＋＋＋
レム睡眠行動異常症	＋＋
アルツハイマー型認知症	＋＋
多系統萎縮症	＋
進行性核上性麻痺	±〜＋
皮質基底核変性症	±〜＋
認知症を伴う筋萎縮性側索硬化症	＋〜＋＋
レビー小体病理を有する遺伝性パーキンソニズム	＋＋
レビー小体病理がない遺伝性パーキンソニズム	―

（注）＋＋＋ 重度，＋＋ 中等度，＋ 軽度，± 時に，― なし
（出所）飯島（2018）より抜粋，一部改変

パーキンソン病では，運動症状に先行して，嗅覚障害，うつ，認知機能障害などの非運動症状が見られる。これは，パーキンソン病の要因の一つに，神経細胞におけるレビー小体の出現があるが，このレビー小体は運動に関連する脳中枢よりも先に嗅球や嗅索に出現するためである。すなわち，嗅覚障害の有無がパーキンソン病の発症前の指標となる。パーキンソン病における嗅覚障害の特徴は，ニオイがすることがわかっても何のニオイかわからない**嗅覚同定障害**である。

アルツハイマー型認知症においても，同様に嗅覚同定障害が見られるが，嗅覚感度も低下することが特徴とされている。レビー小体型認知症では，アルツハイマー型認知症よりも，嗅覚障害の程度が強いとされている。

嗅覚障害の症状や程度は異なるが，いずれの疾患においても早期に嗅覚機能低下が見られており，非侵襲の診断方法として嗅覚機能検査が注目されている。

❖考えてみよう

・生活の中で嗅覚と味覚が互いの知覚に与える影響について具体的な場面や例を考えてみよう。
・味覚や嗅覚が機能しない（味やニオイを感じない）と私たちの日常生活はどのようになるか考えてみよう。

もっと深く，広く学びたい人への文献紹介

斉藤 幸子・小早川 達（編）（2018）．味嗅覚の科学――人の受容体遺伝子から製品設計まで―― 朝倉書店

☞味嗅覚について，様々な分野の多様な研究者によって解説がされている。とくに，マクロな視点での人間の味嗅覚心理学やその応用分野を知ることができる。

バーンバウム，M. ニキ リンコ（訳）（2013）．アノスミア――わたしが嗅覚を失ってからとり戻すまでの物語―― 勁草書房

☞ジャーナリズムを専攻し料理の修行をしていた著者は，事故でアノスミア（嗅覚脱失）になった。嗅覚障害の日々の経験にもとづいて，味嗅覚のトップレベル研究者への取材が行われており，本書は味嗅覚の基礎から最新研究までが，非常にわかりやすく書かれている。

引用文献

Allam, M. D. E., Soussignan, R., Patris, R., Marlier, L., & Schaal, B. (2010). Long-lasting memory for an odor acquired at the mother's breast. *Developmental Science, 13,* 849-863.

綾部 早穂・小早川 達・斉藤 幸子（2003）．2歳児のニオイの選好――バラの香りとスカトールのニオイのどちらが好き？―― 感情心理学研究，*10,* 25-33.

Barkat, S., Poncelet, J., Landis, B. N., Rouby, C., & Bensafi, M. (2008). Improved smell pleasantness after odor-taste associative learning in humans. *Neuroscience Letters, 434,* 108-112.

Barnett-Cowan, M. (2010). An illusion you can sink your teeth into: Haptic cues modulate the perceived freshness and crispness of pretzels. *Perception, 39,* 1684-1686.

Bartoshuk, L. M., Duffy, V. B., & Miller, I. J. (1994). PTC/PROP tasting: Anatomy, psychophysics, and sex effects. *Physiology & Behavior, 56,* 1165-1171.

Bensafi, M., Rinck, F., Schaal, B., & Rouby, C. (2007). Verbal cues modulate hedonic perception of odors in 5-year-old children as well as in adults. *Chemical Senses, 32,* 855-862.

Buck, L. B., & Bargmann, C. I. (2000). Smell and taste: The chemical senses. In E. R. Kandel, J. H. Schwartz, T. M. Jessell, S. A. Siegelbaum & A. J. Hudspeth (Eds.), *Principles of neural science* (5th ed., pp. 712-735). New York: McGraw-hill.

Chrea, C., Valentin, D., Sulmont-Rossé, C., Mai, H. L., Nguyen, D. H., & Abdi, H.

(2004). Culture and odor categorization: Agreement between cultures depends upon the odors. *Food Quality and Preference, 15,* 669-679.

Djordjevic, J., Zatorre, R. J., & Jones-Gotman, M. (2004a). Effects of perceived and imagined odors on taste detection. *Chemical Senses, 29,* 199-208.

Djordjevic, J., Zatorre, R. J., & Jones-Gotman, M. (2004b). Odor-induced changes in taste perception. *Experimental Brain Research, 159,* 405-408.

Dudova, I., Vodicka, J., Havlovicova, M., Sedlacek, Z., Urbanek, T., & Hrdlicka, M. (2011). Odor detection threshold, but not odor identification, is impaired in children with autism. *European Child & Adolescent Psychiatry, 20,* 333-340.

Haller, R., Rummel, C., Henneberg, S., Pollmer, U., & Köster, E. P. (1999). The influence of early experience with vanillin on food preference later in life. *Chemical Senses, 24,* 465-467.

Herz, R. S., & von Clef, J. (2001). The influence of verbal labeling on the perception of odors: Evidence for olfactory illusions? *Perception, 30,* 381-391.

飯島 睦 (2018). パーキンソン病および神経変性疾患の嗅覚機能障害　におい・かおり環境学会誌, *49,* 370-374.

Ileri-Gurel, E., Pehlivanoglu, B., & Dogan, M. (2013). Effect of acute stress on taste perception: In relation with baseline anxiety level and body weight. *Chemical Senses, 38,* 27-34.

James, C. E., Laing, D. G., & Oram, N. (1997). A comparison of the ability of 8-9-year-old children and adults to detect taste stimuli. *Physiology & Behavior, 62,* 193-197.

神田 聖子 (2019). 幼児期の食嗜好調査と学童期の味覚教育　日本味と匂学会誌, *26,* 103-107.

Keller, A., Gerkin, R. C., Guan, Y., Dhurandhar, A., Turu, G., Szalai, B., ... & Vens, C. (2017). Predicting human olfactory perception from chemical features of odor molecules. *Science, 355,* 820-826.

小早川 達・後藤 なおみ (2018).「味」の正体――味嗅覚統合への心理物理学からのアプローチ――　基礎心理学研究, *37,* 66-71.

小早川 達・小川 尚 (2018). 味覚の神経伝達・脳機能レベル　斉藤 幸子・小早川 達（編）味嗅覚の科学――人の受容体遺伝子から商品設計まで――(pp. 87-104) 朝倉書店

熊崎 博一 (2016). 自閉スペクトラム症の嗅覚特性　高次脳機能研究, *36,* 214-218.

Le Berre, E., Jarmuzek, E., Béno, N., Etiévant, P., Prescott, J., & Thomas-Danguin, T. (2010). Learning influences the perception of odor mixture. *Chemosensory Perception, 3,* 156-166.

前田 英美・任 智美・福永 明子・梅本 匡則・阪上 雅史（2016）．心因性味覚障害298例の臨床検討　口腔・咽頭科，*29*，237-243.

Matsui, A., Go, Y., & Niimura, Y. (2010). Degeneration of olfactory receptor gene repertories in primates: No direct link to full trichromatic vision. *Molecular Biology and Evolution, 27*, 1192-1200.

Mennella, J. A., Jagnow, C. P., & Beauchamp, G. K. (2001). Prenatal and postnatal flavor learning by human infants. *Pediatrics*, 107, E88.

Mikkila, V., Rasanen, L., Raitakari, O. T., Pietinen, P., & Viikari, J. (2005). Consistent dietary patterns identified from childhood to adulthood: The cardiovascular risk in Young Finns Study. *British Journal of Nutrition, 93*, 923-931.

武藤 志真子（2018）．こどもの味覚　斉藤 幸子・小早川 達（編）　味嗅覚の科学――人の受容体遺伝子から商品設計まで――（pp. 126-135）　朝倉書店

中野 詩織（2015）．ニオイの知覚に及ぼす刺激文脈の影響　筑波大学大学院人間総合科学研究科心理学専攻博士論文

Nakano, S., & Ayabe-Kanamura, S. (2017). The influence of olfactory contexts on the sequential rating of odor pleasantness. *Perception, 46*, 393-405.

Noel, C., & Dando, R. (2015). The effect of emotional state on taste perception. *Appetite, 95*, 89-95.

大森 玲子（2013）．世代間における味覚感度の比較　宇都宮大学教育学部紀要，*63*，201-210.

Piqueras-Fiszman, B., Alcaide, J., Roura, E., & Spence, C. (2012). Is it the plate or is it the food? Assessing the influence of the color (black or white) and shape of the plate on the perception of the food placed on it. *Food Quality and Preference, 24*, 205-208.

Poncelet, J., Rinck, F., Ziessel, A., Joussain, P., Thevenet, M., & Rouby, C. (2010). Semantic knowledge influences prewired hedonic responses to odors. *PLOS ONE, 5*, e1387.

斉藤 幸子（1994）．味の分類　大山 正・今井 省吾・和気 典二（編）　新編 感覚知覚ハンドブック（pp. 1474-1584）　誠信書房

Sato, K., Endo, S., & Tomita, H. (2002). Sensitivity of three loci on the tongue and soft palate to four basic tastes in smokers and non-smokers. *Acta Oto-Laryngologica, 122*, 74-82.

Stevenson, R. J. (2001). The acquisition of odour qualities. *The Quarterly Journal of Experimental Psychology, 54A*, 561-577.

杉山 東子・綾部 早穂・菊地 正（2000）．ラベルがニオイの知覚に及ぼす影響　日本味と匂学会誌，*7*，489-492.

Suzuki, Y., Critchley, H. D., Rowe, A., Howlin, P., & Murphy, D. G. (2003). Impaired olfactory identification in Asperger's syndrome. *The Journal of Neuropsychiatry and Clinical Neurosciences, 15*, 105–107.

Vereecken, C., Rovner, A., & Maes, L. (2010). Associations of parenting styles, parental feeding practices and child characteristics with young children's fruit and vegetable consumption. *Appetite, 55*, 589–596.

Visser, J., Kroeze, J. H. A., Kamps, W. A., & Bijleveld, C. M. A. (2000). Testing taste sensitivity and aversion in very young children: Development of a procedure. *Appetite, 34*, 169–176.

Wang, Q. J., & Spence, C. (2016). 'Striking a sour note': Assessing the influence of consonant and dissonant music on taste perception. *Multisensory Research, 29*, 195–208.

Zarzo, M., & Stanton, D. T. (2009). Understanding the underlying dimensions in perfumers' odor perception space as a basis for developing meaningful odor maps. *Attention, Perception, & Psychophysics, 71*, 225–247.

第5章　知覚の障害
——何がどのようにできないのか

萱村俊哉

実験心理学の祖，ヴント（Wundt, W.）は感覚と知覚を区別し，感覚の属性として質と強さ，知覚の属性として時間と空間を挙げ，両者を分けた。このように理論的には感覚と知覚を明瞭に区別できるが，日常の情報処理過程では両者は不可分に繋がっており，それらの間の線引きは実際には容易ではない。失認症をはじめ障害についても，このことは当てはまる。つまり，障害によっては，それが感覚の障害なのか，それとも知覚の障害なのか判然としないことがある。このため，本章のテーマは「知覚の障害」だが「感覚の障害」も含まれている。本章ではこうした知覚や感覚の障害および特性について紹介する。

1　感覚・知覚の強さの異常と大きさの異常

1-1　感覚の強さの異常

感覚過敏とは，痛みを過剰に感じる，普通では何ともない大きさの音を非常にうるさく感じるなど，実際の刺激の強さが増幅されて感じられることである。逆に，大きなけがをしているのに痛みをあまり感じなかったり，音が実際よりも遠方で感じたりするなど，実際の刺激の強さよりも減少して感じられることを**感覚鈍麻**と呼ぶ。感覚の過敏と鈍麻は，痛覚，聴覚，視覚，温度覚，触覚など，あらゆる**感覚モダリティ**（**感覚様相**）において認められる。

感覚過敏や鈍麻は，神経発達障害（DSM-5）の一つである**自閉スペクトラム症**（Autism Spectrum Disorder：**ASD**）の一症状でもある（American Psychiatric

Association, 2013 髙橋・大野監訳 2014)。ASD の人は視覚や聴覚をはじめ複数の感覚の異常をもつことが多い。そのために感覚過敏に由来する不安や苦痛を回避することがあり，それが社会参加への制限や生活の質の低下に繋がる場合がある。たとえば，大勢の人々が集まって動いている雑踏では不安や苦痛を感じるため，彼らはしばしば人混みを避ける傾向がある。同様に，特定の下着，服，靴などを着用できない，強い偏食，糊の感触を嫌がるなど，ASD の人によく見られる回避行動の基底に感覚過敏があることが多い（嗅覚過敏については第 4 章参照)。

一方，過敏の対極にあるように見える感覚鈍麻も**感覚処理機能**の異常であり別物ではない。過敏と鈍麻とは繋がっており，過敏が鈍麻に転換することもある。過敏と同様，感覚鈍麻も社会的に不利な特性である。たとえば，温度覚の鈍麻がある場合，熱い物に触れても痛みを感じず，触り続けて火傷を負うこともある。感覚が鈍いと危険回避能力が低下し，事故の危険性が高くなる。

過敏と鈍麻に加え，ASD の人では特定の感覚を強く望む**感覚探求行動**が見られる。具体的には，何でもニオイを嗅がないと気が済まない，噴水の水がキラキラ輝く視覚刺激をいつまでも楽しむ，あるいは，身体の特定の箇所への触覚刺激の心地よさに浸り，それがずっと続くなどの行動が該当する。なかなかやめられない，こうした感覚探求行動が個々の ASD の人の行動を特徴づけていることも多い。

上述した ASD の人の非定型的な感覚は従来，一般社会はもとより，研究や臨床の場においてさえ重視されなかった。しかし，2013年改訂のアメリカ精神医学会の精神障害の診断基準 DSM-5 の ASD の中核症状の中に感覚過敏／鈍麻が含まれたこともあり，研究や臨床の場では ASD の感覚異常は考慮すべき重要な要素（高橋・神尾，2018）と見られるようになってきた。ただし，一般社会における ASD の感覚異常に対する理解はいまだ不十分である。感覚異常が ASD の人の社会参加を阻害し，生活の質を低下させている事実は，社会的に広く認識されるべきであろう。

ところで，感覚異常は，ASD に限らず，うつ病，不安症，統合失調症，覚醒剤中毒など様々な精神疾患で見られる。また，こうした精神疾患がなくても，感覚過敏，鈍麻，感覚探求行動をもつ人はけっして珍しい存在ではない。しかもこのような感覚特性が，人々の心理特性と結びついている。刺激に対する深い情報処理と高い情動的反応を**感覚処理感受性**と呼び，感覚処理感受性の高い人を**高敏感者**(highly sensitive person：HSP)と呼ぶ（串崎，2019)。感覚処理感受性の高さは，神経症傾向，抑うつや不安，広場恐怖，対人恐怖，不安などと関連するだけでなく，パーソナリティの形成要因の一つとも考えられている（串崎，2019)。感覚処理感受性は不安やうつなどの「生きづらさ」と関連があるように見えるが，HSPは他者の感情への気づき，すなわち共感性が高い（飯村，2016）と指摘されており，社会生活上，HSPには不利な面だけでなく有利な面もある。HSP研究は緒に就いたばかりであり，今後の研究の発展が待たれる。

1-2　大きさの異常——不思議の国のアリス症候群

感覚や知覚には，強さだけでなく大きさや長さの変容もある。対象が実際よりも小さく見えたり大きく見えたりすることがあり，それぞれを**小視症**と**大視症**と呼ぶ。空間だけでなく時間感覚にも同様の症状，つまり実際より時間が短く感じたり長く感じたりすることがある。

有名な物語「不思議の国のアリス」の中で，アリスは，不思議な小瓶の中身を飲んだり，魔法のケーキやキノコをかじったりして自分の身体が大きくなったり小さくなったりしていたことを感じていた。この物語にちなんで命名された**不思議の国のアリス症候群**（The syndrome of Alice in wonderland）（Todd, 1955）の患者は，偏頭痛，てんかん，脳炎，統合失調症などの疾患を持ち，発作時に，物語の中のアリスの感覚と類似した**ボディ・イメージ**（body image）（第3章参照）の変容を体験する。患者は，自分の身体が大きく，あるいは小さくなったように感じる自己身体知覚における大きさの異常を中心に，小視症，大視症，時間感覚の異常を体験する（濱田，1994)。

本症を提唱したトッド（Todd, 1955）によると，「不思議の国のアリス」の原作者であり数学者のルイス・キャロル（Lewis Carroll：本名チャールズ・ドジソン Charles Lutwidge Dodgson）自身に偏頭痛の持病があったとされる。彼自身，偏頭痛発作に伴って自分の身体の大きさの変化を体験していたのかもしれない。

1-3　錯　覚

錯覚とは対象を誤って知覚することである。錯覚には**錯視**と**錯聴**が多い（濱田，1994）。第1章で紹介されている数々の錯視図を参照してほしい。健常な人が錯視図をじっくり見ると，必ず特定の錯視が誘発される。つまり錯視図により誘発される錯視の内容に個人差はない。また錯視図を見ている人は通常，今この瞬間に錯視が起きていることを自覚している。このような実験的錯視とは別に，日常的にも錯視や錯聴は起きている。これらは，主に不注意に起因する，いわゆる見間違いや聞き間違いの類いである。錯視図に誘発された錯視とは異なり，こうした日常的に自然発生する錯覚は通常，本人はそれが錯覚であるとは気づかないことが多く，その内容も個人的なものである。

錯覚の内容に個人差があるとはいえ，壁のシミを人の姿だと確信することは健常者ではまずない。このようにたんなる見間違いのレベルを超えた病的水準にある錯視の一つに，**レビー小体型認知症**の一症状として知られる**パレイドリア**（pareidolia）がある。パレイドリアは，健常者なら人の顔には見えない壁のシミが鮮明に人の顔に見えるなど，不完全な刺激材料から明瞭な錯覚像が作り出される症状（濱田，1994）である。つまり無意味なものに意味を見いだしてしまうのである。しかも，患者は現実にはありえない錯覚像に明確な現実感を抱く。患者の心の中では「壁のシミが人の顔であるはずはない」という道理や常識が主導権を握ることができず，患者は，道理や常識よりも，鮮明に見える人の顔に心を奪われ，そこに人がいるという現実感に支配されるのである。

発生頻度から見て，**アルツハイマー型認知症**，**血管性認知症**，**前頭側頭型認知症**と併せて4大認知症の一つであるレビー小体型認知症は，大脳皮質に特殊なタンパク質であるレビー小体が蓄積して神経細胞が減少するために起こり，パレイドリアのほか，運動障害であるパーキンソン症状，認知障害，自律神経症状などが見られる。レビー小体型認知症ではパレイドリアのような病的錯視だけでなく，**幻覚**，とくに**幻視**もよく見られる。知覚対象が外在し，それを誤認する錯覚とは異なり，幻覚は知覚対象が存在しないのになんらかの知覚を生じる症状である。たとえば，患者は，他者にはまったく何も見えないのに「黒い服を着た人がこちらを見ている」などと確信をもって訴える。

幻覚には，このような幻視のほかに幻聴，幻味，幻臭，幻触など感覚モダリティに対応した様々な症状がある。認知症や統合失調症などでよく見られるこれらの症状を理解しておくことは心理職の基礎的素養である。

1-4　幻影肢

事故，戦争，手術などで上肢（腕）や下肢（足）が切断された患者が，存在しないはずの肢の存在をありありとした実在感をもって知覚することがある。これを**幻影肢**と呼ぶ。幻影肢の現れ方は患者によって様々であり，時間とともに変化する（本田，2000）。幻影肢のサイズは，失った腕や足と同じサイズ（長さや太さ）に感じることもあるが，実際よりも短く感じられることが多い。

幻影肢が消失していく過程には方向性がある。まず身体の切断部に近い部位がその生々しさを失い，末梢部（上腕など），手の平，足の裏と続き，最後に指が消えていく（長沼・山内・秋本，1974）。幻影肢の患者は（無いはずの）手足に暖かさ，冷たさ，重み，しびれ，かゆみ，痛みなどの感覚を経験する。痛みを感じるときにはとくに**幻影肢痛**と呼ぶ。失われて無くなった身体部位に，灼熱痛（灼けるような痛み），放散痛（病巣から離れた部位に感じる痛み），圧痛（圧迫されて感じる痛み）など様々な痛みを感じる。

幻影肢の原因について大東（1984）は，①末梢説，②中枢説，③心因説の三つの仮説を紹介している。①の末梢説では，切断部からの異常なインパルスによると考える。②の中枢説では，脳の中に身体の表象，すなわち**ボディ・シェーマ**（body schema）（第3章参照）があり，腕や足の切断後もボディ・シェーマは切断前と変わらないため，腕や足が存在しないのにそれらを知覚してしまう「対象なき知覚」，つまり身体の幻覚が生じると考える。腕や足などを失い，身体の形状が変化したにもかかわらず，しばらくの間，脳はボディ・シェーマを更新できない。つまり幻影肢とは，更新前のボディ・シェーマが，身体の形状が変化した後も持続した状態と考えられる。さらに③の心因説は心理力動的な説明であり，切断前の状態に復帰したいという願望が投影されて幻影肢が生じると考える。大東はこれらの仮説の中で，②のボディ・シェーマの更新不全を想定する説がもっとも有力であり，①の末梢の機序や③の心因的機序は幻影肢の発現に関与しているとしても，副次的なものではないかと推察している。

古典的な研究である**感覚遮断実験**[1]（Lilly, 1954）においても，人が外部情報を適切に知覚できなくなったとき，幻影肢をはじめ様々な幻覚が生じることが確認された。身体の一部を失うことにより生じた幻影肢や感覚遮断実験における幻覚の所見は，自己身体を正常に認識するためには，外界の他者やモノと自己とのリアルタイムの絶え間ない情報連絡が必要であることを示唆している。

知覚が外界からの絶え間ない情報連絡に依存していることは**知覚の可塑性**の側面からも説明できる。たとえば，人が反転めがね（視野の上下や左右を反転させるめがね）を着用して生活すると，次第に新しい視覚世界に順応し，次に反転めがねを外すと元の正常視の世界に再順応する（吉村，2008）。このような可塑性は視覚だけでなく，嗅覚や聴覚など他のモダリティにおいても確認されているのである。

2　失 認 症

視覚障害や聴覚障害あるいは精神障害などが見られないにもかかわらず，脳血管疾患などの脳病変により，対象を一つの感覚器官を通して知覚・認知できないことを**失認症**という。**失語症**，**失行症**とともに，失認症は高次脳機能障害の重要な構成要素である。失認の「認」は，認知や認識の「認」である。したがって，失認とは，なんらかの認知や認識を失うことであり，失った内容の種類だけ失認の症状がある。

➡1　感覚遮断実験とは，人間の感覚に対する刺激をできるだけ減少させることにより引き起こされる反応を調べる実験である。幻覚，とくに幻視が見られる。

表5-1　失認症一覧

視覚失認	物体失認：モノは見えるが，それが何かわからない。 相貌失認：顔は見えるが，それが誰かわからない。 同時失認：見ているモノの個々の部分は何かわかるが，全体が何を表すのかわからない。 色彩失認：色は見えるが，それが何色かわからない。 視空間失認：大きさ，空間的形態，相互の位置関係を視覚的にとらえられない。 半側視空間失認：視覚空間の片側にある対象を認識できない。 街並失認：熟知している建物や風景を見ても，それがどこかわからない。
聴覚失認	聴音失認：非言語性の有意音の意味がわからない。 失音楽：リズムやテンポがわからない。 純粋語聾：人の話し声がわからない。
触覚失認	一次失認：モノの軽重，冷温，柔らかさや固さなどの特性を感知する能力の障害。 二次失認：触空間の定位，二点識別，凹凸，立体覚などの障害。

視力や聴力に異常がなく，しっかり見えたり聞こえたりしているのに，物事を知覚・認知できないとは，一体どういうことだろうか。本節では，健常者には想像しにくいこれらの症状について考える。なお，表5-1に種々の失認症をまとめた。

2-1　見えているのに「見えない」――視覚失認

まず，失認症の中でとくに問題になる視覚の失認から見ていこう。モノは見えているが，それが何かがわからない症状を**物体失認**と呼ぶ（杉下，1985）。たとえば，患者の目の前にベルを提示しても，患者は「ベル」と返答することはできない。患者がベルという言葉を想起できない，あるいは知らないために返答できないのなら，失認症ではなく失語など言語能力の障害や知的能力の問題が疑われる。聴覚失認や触覚失認（後述）などがなく，物体失認が単独で見られる場合，ベルの音を聞かせたり，ベルを触らせたりすると，患者は即座にそれがベルとわかり，口頭で「ベル」と返答できる。つまり物体失認の患者は，ベルというモノやその機能を知っており，ベルの特徴的な音やベルの形態から推測して，提示されたモノがベルであると答えることができる。つまり物体失認とは，失語や知的障害，さらに視覚障害がないにもかかわらず，眼前に呈示されたモノが何かわからない症状であり，視覚モダリティにおいてのみモノを認識できない症状である。

物体失認は，古典的には，モノの形自体を認識できない**統覚型**と，モノの形は認識できるが，そのモノが何かわからない**連合型**の二つのタイプに分けて考えられた（杉下，1985）。統覚型の物体失認患者はモノを見てスケッチができない。一方，連合型の物体失認患者は，スケッチはできるが，そのモノの名前が言えず，使用法の説明もできない。ただし，上述したように，両者ともに，そのモノに触れたり，そのモノの特徴的な音を聞かされたりすると，それが何かがわかるのである（杉下，1985）。

見ているモノの個々の部分は何かわかるが，全体が何を表すのかわからない症状を**同時失認**という。視覚刺激を一つのまとまりとして認識できないのである。複数の要素を同時に知覚できなければ，全体の意味はわからない。たとえば絵画を見て，そこに描かれた部分の意味は理解できても，他の部分，さらに部分と部分の相互関係を把握できないと絵全体の意味はわからない。同時失認は全体把握能力の障害と考えられるが，視覚的注意の把持力が極端に縮小した注意障害との仮説（Warrington & James, 1967）もある。なお，同時失認は，熟知している道路や建物などが認識できなくなる**街並失認**と合併することが多い。

身近な人や有名人の顔を見ても誰かわからないが，その人の声を聞くとすぐにわかるのが**相貌**（そうぼう）**失認**である。顔は見えているし，眼，眉毛，鼻，口など顔の部分も知覚できるが，そうした部分が統合された特定の人物の「顔」イメージが成立せず，それが誰かわからない。物体失認と合併しているケースもあれば，単独で発生するケースもある。顔の表情認知も障害されたケースと，表情認知の障害はないケースもある。なお，相貌失認をもつ人の多くは自分の相貌失認の症状に気づいていない，つまり病識がないことが多い。

さらに病因論からは，相貌失認は先天的なものと後天的なものに分類できる。**後天性相貌失認**は脳血管障害などに伴い発症する。一方，**先天性相貌失認**については，とくに脳の器質的障害が見られないにもかかわらず顔の認識能力がいちじるしく低い健常者（中嶋他，2020）やASDなど発達障害に相貌失認が合併している場合など様々なケースが含まれる。一般人口のうち相貌失認の割合はヨーロッパおよびインドでは2.5%，香港では1.9%であり（中嶋他，2020），健常者の中でも相貌失認は必ずしも稀ではない。また，ASDの人に見られる相貌失認では認識対象の顔とそれ以外の顔の誤認が多く，顔を正しく学習することの困難さを抱えている。

相貌失認をもつ人は，街の中で知り合いに出会っても，視覚情報だけではその人物に出会ったこと自体を認識できない。したがって，相貌失認をもつ人は，街中で出会った知り合いに挨拶せず，知り合いの目前を無反応に通り過ぎてしまうこともある。このようにされた相手の人物（知り合い）は，場合によっては，「あの人（相貌失認をもつ人）は私のことを無視して通り過ぎた」と勘違いするかもしれない。このことからもわかるように，相貌失認は大きな社会的不利になる。

これらのほか，視覚失認には，色の名前が言えず，モノと色彩の照合が難しくなる**色彩失認**，モノの認知はできるが，大きさ，空間的形態，相互の位置関係を視覚的にとらえることができない**視空間失認**，視覚空間の片側にある対象を無視する（自分では無視していることに気づかない）**半側視空間失認**がある。半側視空間失認では右より左側の無視が圧倒的に多く見られる。なお，半側視空間失認とほぼ同義の言葉に**半側空間無視**（第11章参照）がある。ただ，これには視覚だけでなく，聴覚や触覚の失認も含まれる。

2-2　聞こえているが，それが何かわからない——聴覚失認

聴覚性の失認としては，**聴音失認**，**失音楽**，**純粋語聾**などが知られている。聴音失認はベルの音，汽車の音，車の音，動物の鳴き声など非言語性の有意音の意味がわからなくなる症状である。失音楽はリズムやテンポがわからなくなる症状である。純粋語聾は言語音に限った認知障害であり，人の話し声に限局した失認である。

2-3　どのように触られているか，わからない——触覚失認

触覚失認は触覚の認知障害で，手の平や指先で調べるのが一般的である。モ

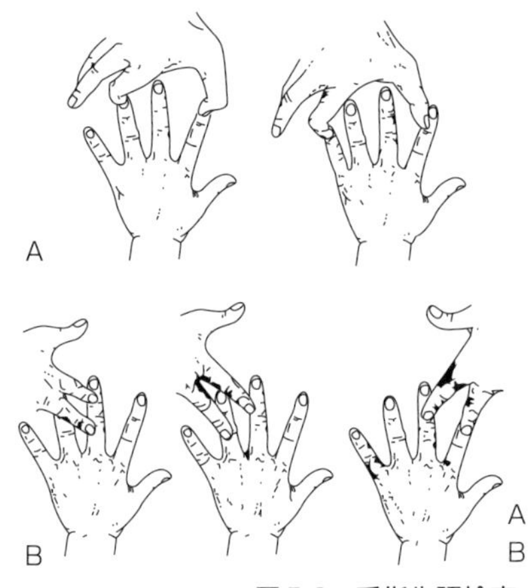

図 5-1　手指失認検査

（注）Aの検査の正解は左の図では１本，右の図では２本である。またBの検査の正解は，左の図では１本，中央の図では２本，右側の図では２本である。
（出所）Kinsbourne & Warrington（1962）（萱村（2012）より転載）

ノの重い／軽い，冷たい／温かい，柔らかい／固いなどの特性を感知する能力が障害されている。これらを触覚性失認の中で一次失認と呼ぶ。さらに触空間の定位，二点識別（体の一部を二点同時に触られたとき二点であると感じる），凹凸，立体覚などの障害を二次失認と呼び，一次失認とは区別する。

二次失認の中の一つである**手指失認**は，知的能力障害，精神障害，あるいは失語症などがなく，触れられた自分の指や他人の指の呼称や指示，指で作る種々の指形ができないなど手指に限った失認である。手指失認には様々な検査法がある。その中の代表的な検査であるキンズバーンとウォリントン（Kinsbourne & Warrington, 1962）の方法を図 5-1 に紹介する。図中のAは in-between test と呼ばれ，検査者が被検査者のいずれかの指を２本同時に触り，被検者（閉眼）は触られた２本の指の間に何本の指があるかを返答する。一方，Bは two point test と呼ばれ，検査者は被検査者の１本ないし隣接した２本の指の２点を同時に触り，被検査者（閉眼）は自分の指が何本触られているかを返答する。

これらの検査を，二人で検査者役と被検者役に分かれて体験してみてほしい。被検者役の人は，たんに指が触られているという感覚がわかる能力と，指がどのように触られているかという感覚がわかる能力はまったく別のものであることに気づくだろう。指がどのように触れられているかがわかるのは，空間的能力を含む高次神経機能であることが理解できるはずである。このような高次神経機能の障害が手指失認である。

手指失認はゲルストマン症候群（後述）の構成要素であるとともに，脳の微細な障害を示すサインである**神経学的微細徴候**（soft neurological signs：SNS）の一つでもある。したがって手指失認は，ゲルストマン症候群だけでなく，子どもの**限局性学習症**（Specific Learning Disorder：**SLD**）（いわゆる学習障害）との関連でも検討されてきた。これまでに手指失認（あるいは手指認知能力）は計算能力と関係しており，手指（両手の10本の指）の表象が計算能力の基盤にあることが明らかにされている（Wasner, Nuerk, Martignon, Roesch, & Moeller, 2016)。さらに最近の傾向として，統合失調症や認知症など多様な疾病の診断や評価における手指失認の意義が検討されるようになってきた（Wang, Cai, Li, Yang, & Zhu, 2016)。

2-4　自分の身体についてわからなくなる――身体失認

失語など言語の異常がなく，個々の身体の部分に関する知識も保たれているにもかかわらず，「あなたの鼻を指し示してください」と指示されても，それに従って鼻を指すことができないといった症状がある。このとき患者は身体部位（鼻）を指せないだけでなく，困惑のうえ，ときには自分の身体の外の空間を探ることもある。このような自己の身体に関する混乱を**身体失認**と呼び，その中でも自己身体の部位がどこにあるのかわからなくなる症状をとくに**身体部位失認**と呼ぶ。上述の手指失認も身体部位失認のカテゴリに入る。なお，脳の右半球障害の患者が左半身の麻痺を否認するなど，身体失認が身体の両側ではなく片側だけに限られることもある。

手指失認という特徴的な身体失認を呈し，それに加え，左右弁別障害，失算（計算ができない），失書（書けない）の四つの徴候（四徴）を併せ持つ病態を**ゲルストマン症候群**（Gerstmann's Syndrome：GS）と呼ぶ。この症候群は左半球の角回を中心とした頭頂後頭領域に病巣があるとされている。GSは脳血管疾患などの後遺症として後天的に発生する。GSの四徴の共通要因として従来，ボディ・スキーマの障害（Gerstmann, 1924)，空間的時間的順序の障害

（Kinsbourne & Warrington, 1962）などが提唱された。四徴の共通要因が何かについての議論は現在も継続中だが，近年，四徴の基底に「心的イメージの操作障害」があるとの指摘（永井・岩田，2001）があり，その方面から検討されることが多くなっている。これは，心的イメージの形成において，部分を適切な配置に並べる処理過程の障害ととらえられている（永井・岩田，2001）。

後天的な GS とは別に，**発達性ゲルストマン症候群**（Developmental Gerstmann's Syndrome：DGS）と呼ばれる発達障害の一種がある。GS とは異なり，DGS は，四徴が出そろうのではなく，四徴が種々の組み合わせで現れる不全型が多い。また，四徴のほかに，見本の線画を模写したり，見本通りに積木を積んだりするような二次元や三次元の構成ができない**構成能力障害**を合併することもよくある。DGS 児の知的水準はほぼ正常だが，計算障害，書字障害，構成能力障害のため，学業成績は非常に低い。DSM-5に従って SLD などと診断されたものの，DGS の存在を見過ごされた子どもは適切な介入を受けられず，低学力のまま小・中学時代を過ごす傾向がある。

3　共 感 覚

共感覚（synesthesia）とは，ギリシア語の syn（統合）と aesthesis（感覚）を組み合わせた言葉であり（今村・木藤，2010），ある感覚刺激に対して，同時にそれ以外の感覚処理が自動的に実行される現象である。共感覚では，文字を見たときに，本来の印刷された色とは別の特定の色を感じる**色字共感覚**や，音を聞いたときに色を感じる**色聴共感覚**がよく知られている。これら以外にも，味に形態を感じたり，ニオイに色を感じたりなど，様々なタイプの共感覚が確認されている。重要なことは，こうした共感覚はけっして錯覚や幻覚ではない点である。共感覚特性をもつ人，すなわち共感覚者は「正真正銘」の感覚体験をしている（今村・木藤，2010）。

共感覚者の割合は，10万人に１人程度と考えられたこともあるが，最近では約４％の人に見られるとされている（長田，2019）。さらに，芸術家に多く見られること，遺伝的傾向があることなども指摘されている（長田，2019）。

共感覚の特徴としてはシトーウィック（Cytowic, 1993 山下訳 2002）が次の5点を挙げている。

①共感覚は不随意な反応であり，何らかの刺激に誘発される。

②誘発される感覚は身体の外で知覚される。

③共感覚の知覚は持続的，個別的（知覚間の対応が代わらない），総称的（具体性がない）である。

④共感覚は記憶に残る。

⑤共感覚は情動的，認識的である。

3-1　文字に色が見える——色字共感覚

文字を見て色を感じる色字共感覚者は，全員がある文字に対して共通の特定の色を感じるわけではない。たとえば，ある共感覚者は「さ」という文字を見て水色が見えるが，別の共感覚者は赤色が見える。このような個人による感じ方の特異性が存在する。ただし，個人内では反応は一定している。たとえば，「さ」という文字を見て青色を感じ，「に」という文字を見て茶色を感じるという文字と色の対応は共感覚者個人の中では不変であり，安定している。

色字共感覚者には二つのタイプが知られている。一つは，文字を見たときに，その文字そのものに色を感じる投射型で，もう一つは，文字自体には色は感じないが，色の印象が心像として浮かぶ連想型である。投射型と連想型の間には連続性があると考えられている（宇野・浅野・横澤，2019）。

3-2　音を聞いて色が見える——色聴共感覚

音を聞いて色が見える共感覚を色聴共感覚と呼ぶ。色聴共感覚の中でもっとも多いのが単語を聞いたときに色が見える現象である。fMRI（機能的磁気共鳴画像法）を用いた研究（Nunn et al., 2002）では，単語を聞いたとき，脳の視覚野の紡錘状回にあるV4と呼ばれる色を認識する部位が賦活されることが明らかにされている。

色聴共感覚にはサブタイプがあり，単語ではなく，音のピッチや音色に色を感じる人もいる（長田・藤澤，2009）。筆者の知り合いのピアニストの場合，音階を聞くと，白から黒へのグラデーションが見えるという。たとえば「ラ」の音を聞くと特定の濃さの色が見え，ある音階と色が一対一に対応している。このピアニストは，一音を聞いただけで，その音の高さを音名（ドレミファソラシド）で言い当てることのできる，いわゆる絶対音感者で，色聴共感覚がその能力を支えている。

3-3 他者の触覚を知覚する——ミラータッチ共感覚

ミラータッチ共感覚は，他者の感覚経験を見ただけで，自分も同じ感覚を抱く現象をさす。たとえば，他者が頬を殴打されている場面を目撃したときに，まるで自分の頬を殴られているような痛さを実感するのである。対象は人物だけではない。花がむしり取られたり，切り花にされたりするのを見て痛みを覚えることもある。ミラータッチ共感覚者は，他人が触られているのを見たときに体性感覚野が過剰に反応しており（Banissy & Ward, 2007），視覚と触覚のモダリティ間の共感覚と考えられるが，まだ全貌が解明されたわけではない。最近，ミラータッチ共感覚が共感に関係している（Ward, Schnakenberg, & Banissy, 2018）と考えられ，その証拠が蓄積されてきた。ミラータッチ共感覚の今後の研究が期待される。

❖考えてみよう

・モノが見えているのに，それが何かわからないというのは，どのような感情を伴う経験だろうか。
・他者の気持ちに共感することは，感覚過敏や共感覚とどのように繋がっているのだろうか。

もっと深く，広く学びたい人への文献紹介

ハンフリーズ，G. W.・リドック，M. J.　河内 十郎・能智 正博（訳）（1992）．見えているのに見えない？——ある視覚失認患者の世界——　新曜社

☞視覚失認患者ジョンの症例を通して，物体失認や相貌失認などが日常生活においてどのような困難さとして立ち現れるかを具体的に説いている。

シトーウィック，R.E.　山下 篤子（訳）（2002）．共感覚者の驚くべき日常　草思社

☞共感覚とは何かということがよく理解できる。類書は少なくないが，筆者はこの本がお勧めである。

引用文献

American Psychiatric Association (2013). *Diagnostic and statistical manual of mental disorders* (5th ed.). Washington, D.C.: American Psychiatric Publishing.
（日本精神神経学会（日本語版用語監修）髙橋 三郎・大野 裕（監訳）（2014）．DSM-5 精神疾患の診断・統計マニュアル　医学書院）

Banissy, M. J., & Ward, J. (2007). Mirror-touch synesthesia is linked with empathy. *Nature Neuroscience, 10*, 815-816.

Cytowic, R. E. (1993). *The man who tasted shapes.* New York: G. P. Putnam's Sons.
（シトーウィック，R.E.　山下 篤子（訳）（2002）．共感覚者の驚くべき日常　草思社）

Gerstmann, J. (1924). Fingeragnosie: Eine umschriebene Störung der Orientierung am eigenen Körper. *Wiener Klinische Wochenschrift, 37*, 1010-1012.

濱田 秀伯（1994）．精神症候学　弘文堂

本田 仁視（2000）．意識／無意識のサイエンス　福村出版

飯村 周平（2016）．中学生用感覚感受性尺度（SSSI）作成の試み　パーソナリティ研究，*25*，154-157.

今村 義臣・木藤 恒夫（2010）．数字や文字に色を見る共感覚者　久留米大学心理学研究，*9*，16-23.

萱村 俊哉（2012）．教室における「気になる子どもたち」の理解と支援のために――特別支援教育における発達神経心理学的アプローチ――　ナカニシヤ出版

Kinsbourne, M., & Warrington, E. K. (1962). A study of finger agnosia. *Brain, 85*, 47-66.

串崎 真志（2019）．感覚処理感受性が共感の正確性と動作の模倣に及ぼす効果　関西大学心理学研究，*10*，1-9.

Lilly, J. C. (1954). Instantaneous relations between the activities of closely spaced zones on the cerebral cortex: Electrical figures during responses and spontaneous activity. *American Journal of Physiology, 176*, 493-504.

永井 知代子・岩田 誠 (2001). 心的イメージの操作障害としてとらえたGerstmann症候群　失語症研究, *21*, 16-23.

長沼 六一・山内 洋三・秋本 辰雄 (1974). 幻影肢痛の精神力動について　精神医学, *16*, 35-42.

長田 典子 (2019). 色と共感覚　日本色彩学会誌, *43*, 111-114.

長田 典子・藤澤 隆史 (2009). 共感覚の脳機能イメージング　システム／制御／情報, *53*, 149-154.

中嶋 智史・請園 正敏・須藤 竜之介・布井 雅人・北神 慎司・大久保 街亜…高野 裕治 (2020). 日本語版20項目相貌失認尺度の開発および信頼性・妥当性の検討　心理学研究, *90*, 603-613.

Nunn, J. A., Gregory, L. J., Brammer, M., Williams, S. C., Parslow, D. M., Morgan, M. J., ... Gray, J. A. (2002). Functional magnetic resonance imaging of synesthesia: Activation of V4/V8 by spoken words. *Nature Neuroscience, 5*, 371-375.

大東 祥孝 (1984). 身体図式　岩波講座（精神の科学）V　岩波書店

杉下 守弘 (1985). 右脳と左脳の対話　青土社

高橋 秀俊・神尾 陽子 (2018). 自閉スペクトラム症の感覚の特徴　精神神経学雑誌, *120*, 369-383.

Todd, J. (1955). The syndrome of Alice in wonderland. *Canadian Medical Association Journal, 73*, 701-704.

宇野 究人・浅野 倫子・横澤 一彦 (2019). 漢字の形態情報が共感覚色の数に与える影響　心理学研究, *89*, 571-579.

Wang, X., Cai, L., Li, L., Yang, Y., & Zhu, X. (2016). Neurological soft signs in Chinese adolescents with schizophrenia and schizotypal personality traits. *International Journal of Developmental Neuroscience, 53*, 53-57.

Ward, J., Schnakenberg, P., & Banissy, M. J. (2018). The relationship between mirror-touch synaesthesia and empathy: New evidence and a new screening tool. *Cognitive Neuropsychology, 35*, 314-332.

Warrington, E. K., & James, M. (1967). Tachistoscopic number estimation in patients with unilateral cerebral lesions. *Journal of Neurology, Neurosurgery & Psychiatry, 30*, 468-474.

Wasner, M., Nuerk, H. C., Martignon, L., Roesch, S., & Moeller, K. (2016). Finger gnosis predicts a unique but small part of variance in initial arithmetic performance. *Journal of Experimental Child Psychology, 146*, 1-16.

吉村 浩一 (2008). 逆さめがねの世界への完全順応　*VISION*, *20*, 1-7.

第Ⅱ部

認　知

第6章　記憶の構造と機能
——情報の保持と利用

宮原道子

私たちが見聞きして得た情報を，後に思い出して使えるのは，記憶という心の働きによるものである。記憶には，幼い頃の思い出のように長時間経っても思い出せるものもあれば，黒板に書かれた文字をノートに書き写すまでの間だけ覚えておくような，短時間しか覚えておけないものもある。さらに，記憶の一部は，意識や注意とかかわりがあったり，学習活動を支えていたりすることも明らかになってきた。本章では，このような記憶について解説する。

1　記憶の構造と機能

1-1　記憶の構造

記憶には長期間覚えておけるものと短時間しか覚えておけないものの２種類があることについては，誰しも実感が伴うだろう。心理学では，情報を覚える段階を**符号化**あるいは**記銘**という。そして，覚えた情報を思い出す必要が出てくるまで覚えておく段階を**貯蔵**あるいは**保持**と呼び，情報を思い出す段階を**検索**あるいは**想起**と呼ぶ。すなわち，記憶は，経験（情報）→記銘（符号化）→保持（貯蔵）→想起（検索）という過程を経る。なお，記銘（符号化）以降が心的な過程である。

上述したように情報を覚えておく保持時間の長さによって記憶を分類して，短時間だけ情報を保持する**短期記憶**と，長期にわたって情報を保持する**長期記**

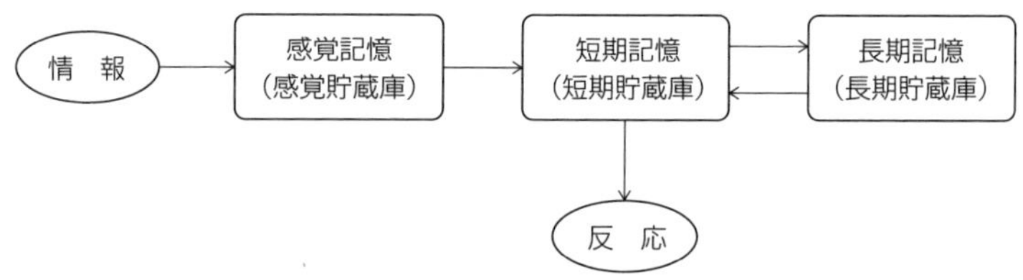

図 6-1　記憶の多重貯蔵モデル

（出所）Atkinson & Shiffrin（1971）を改変（北神（2015）より転載）（一部改変）

憶の 2 種類を想定したのが，アトキンソンとシフリン（Atkinson & Shiffrin, 1971）が提唱した**記憶の多重貯蔵モデル**（図 6-1）である。

図 6-1 を見てほしい。私たちが目や耳といった感覚器官で受け取った情報は，まず**感覚記憶**（本章 1-2 参照）としてきわめて短時間だけ，見たまま聞いたままに**感覚貯蔵庫**に保持される。感覚記憶に入った情報の中で，注意を向けられた情報のみが**短期貯蔵庫**に送られて，**短期記憶**（本章 1-3 参照）となる。短期記憶に対して，記憶したい項目を頭の中で何度も唱える**リハーサル**などの情報処理が行われると，その情報は**長期貯蔵庫**に送られて，**長期記憶**（第 7 章参照）となる。長期記憶となった情報は，検索されて利用される際に短期記憶に呼び出される。この過程を示しているのが長期記憶から短期記憶へと向かう矢印である。つまり，短期記憶には情報を短期間保持する機能だけではなく，長期記憶から思い出した記憶を一時的に心にとどめるという機能もある。

このように，短期記憶と長期記憶は質的に異なるものであると考えられている。そのことを裏付ける実験結果がある（図 6-2）。

まず，10〜15個程度の単語でできた単語リスト（記銘リスト）を用意する。実験参加者に，単語リストの単語を 1 語ずつ順番に見せ，記憶させる。単語を全て見せ終わったら，すぐに今記憶した単語を，出てきた順序は気にせずに自由な順番でできるだけ多く思い出してもらう（直後再生条件）。そして，横軸にその単語のリスト内の順番（**系列位置**）を，縦軸にその単語を思い出せた人の割合を表す正答率をとってグラフに表す。すると，グラフは図 6-2 の実線のグラフ，つまり直後再生の記憶成績となる。このグラフを見ると，系列位置の最初の方と最後の方の記憶成績がよく，系列位置の真ん中あたりは記憶成績が低

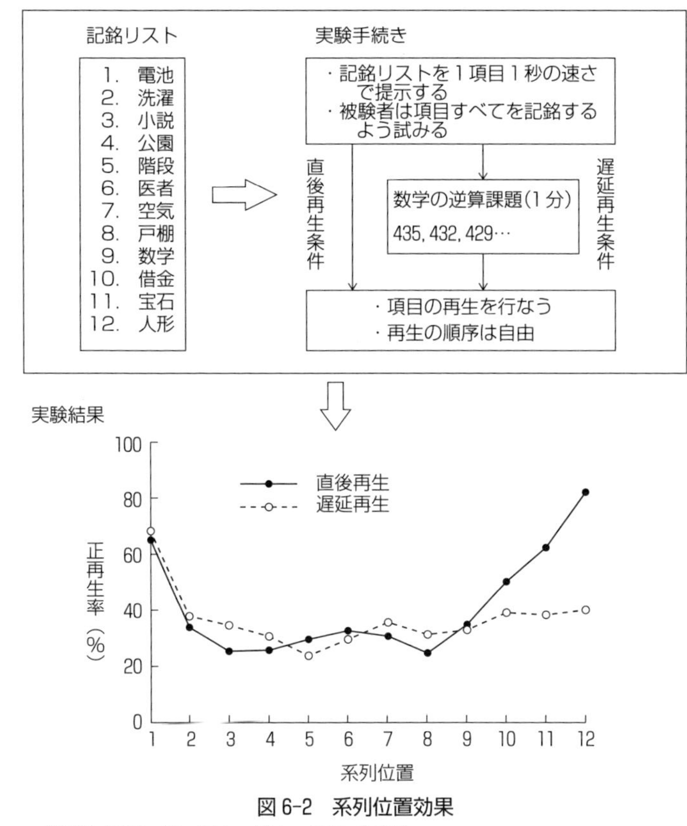

図 6-2　系列位置効果

（出所）石田・岡・桐木・富永・道田（1995）

くなっており，グラフ全体がU字型の曲線となっている。このグラフは，**系列位置曲線**と呼ばれる。そして，系列位置の最初の方の記憶成績が高くなることを**初頭効果**，系列位置の最後の方の記憶成績が高くなることを**新近性効果**，二つをまとめて**系列位置効果**と呼ぶ。ところが，記銘リストを全て見せ終わった後に，妨害課題を行ってから，自由な順番で単語をできるだけ多く思い出してもらう（遅延再生条件）と，直後再生条件のグラフとは異なり，図6-2の破線のグラフとなり，系列位置の最後の方で記憶成績が向上せず，新近性効果が消失してしまう。

このような結果となる理由について，参加者の立場になったつもりで考えてみよう。まず，系列位置の最初の方の単語については，覚えようと繰り返し唱えるリハーサルなどの情報処理を行う余裕が十分にある。そのため，系列位置の最初の方の単語は短期記憶から長期記憶に送られて，しっかりと覚えることができ，後のテストで思い出せる。しかし，系列位置がどんどん進んでいくと，そのような余裕は次第になくなってくるため，単語は長期記憶に送られにくくなる。そのため，系列位置が真ん中の単語はなかなか思い出せなくなる。系列位置の最後の方の単語は，直後再生条件であれば見て覚えた直後に再生テストを受けるので，まだ頭の中に残っている。つまり，短期記憶内にまだ単語は残っているため，すぐに思い出せるので記憶成績は向上する。こうして系列位置曲線が完成する。

一方，単語リストを見終わった後に妨害課題を行ってからテストを行った場合はどうなるだろうか。短期記憶内に残っていた系列位置の最後の方の単語は，妨害課題を行っている間はリハーサルができないために，長期記憶にも送られず，短期記憶に保持できる制限時間も超えてしまう。そのため，テストのときに思い出しにくくなる。その一方で，系列位置の最初の方の単語は直後再生条件と同様に長期記憶に送られているので，しっかりと思い出せる。こうして，遅延再生条件では新近性効果だけが消失する。

この系列位置効果は，数多くの研究で再現されている頑健な現象である。そして，この現象から，短期記憶と長期記憶は質的に異なる記憶であることが示されている。

1-2　感覚記憶

目や耳などの感覚器官から入ってくる膨大な量の情報を正確に短時間だけ保持する機能は，**感覚記憶**と呼ばれる。視覚的感覚記憶は**アイコニックメモリ**と呼ばれ（Sperling, 1960），アイコニックメモリの中身は**アイコン**と呼ばれる。同様に，聴覚の感覚記憶は**エコイックメモリ**と呼ばれ（Darwin, Turvey, & Crowder, 1972），その内容は**エコー**と呼ばれる。何もしないとアイコニックメモリは約0.5秒で，またエコイックメモリは約５秒で減衰してしまう。

視覚的感覚記憶の存在を示したスパーリング（Sperling, 1960）の部分報告法を用いた実験を紹介しよう。まずモニターの画面中央に＋（注視点）が現れる。それに続いて，縦横3×3に並んだ９文字のアルファベットが提示された。その後に，報告すべき文字列の位置（上／中／下のいずれか）を示す印（バーマーカー）が現れ，実験参加者は，そのバーマーカーで指定された３文字の文字列を思い出して報告することを求められた。文字列の提示直後にバーマーカーが出ると，参加者はどの位置の文字列であっても３文字を正確に報告できた。ところが，バーマーカーを見せるタイミングを遅くしていくと，次第に報告の正確さは失われてしまい，0.5秒後にバーマーカーを示すと，正確に報告できた文字列の数は半分以下であった。この結果は，文字列の提示直後であればほぼ完全に情報を保持しているが，時間が経過すると情報が失われていく感覚情報貯蔵の存在を示すものと考えられた。この感覚情報貯蔵は，感覚記憶として情報処理モデルに取り入れられている。

1-3　短期記憶

短期記憶とは，感覚記憶に入った情報のうち，注意を向けた情報を短時間だけ保持しておく記憶である。どのくらい短時間かというと，約15～30秒とされている。情報を反復（リハーサル）すると，この保持時間を超えても情報を短期記憶に保持できる。また，短期記憶では，保持できる情報の量にも制約があり，その限界量を**短期記憶スパン**と呼ぶ。短期記憶スパンは，聞き取った数字を一度に何桁まで覚えられるかという方法で測定することができる（表6-1）。成人の短期記憶スパンは，平均すると５～９個であり，7±2個と表現できるため，**マジカルナンバー７**と呼ばれている。保持できる情報の単位は**チャンク**という。１チャンクはひとまとまりの情報のことである。したがって，短期記憶に保持できる情報量は7±2チャンクということになる。そして，情報をより大きなチャンクにまとめることをチャンキングという。チャンキングすることによって，短期記憶に保持できる情報量を増大させることが可能となる。た

表 6-1　短期記憶スパンの測定

下には，３桁から14桁のランダムな数字列が並んでいる。これを用いて，自分，あるいは，自分以外の人の記憶範囲を調べてみよう。

3 桁	473
4 桁	7350
5 桁	23209
6 桁	599951
7 桁	1026866
8 桁	96842504
9 桁	857813260
10桁	3879130735
11桁	43189246238
12桁	654709958348
13桁	5143953513407
14桁	18286379057209

（出所）北神（2015）

とえば「149162536496481」をそのまま覚えようとすると15チャンクだが，「1から９までの数字を二乗した値を並べたもの」とチャンキングすることによって，１チャンクとなり，誰でも簡単に覚えられるようになる。

2　ワーキングメモリ

2-1　短期記憶からワーキングメモリへ――情報の保持と処理

短期記憶は，短時間だけ一定量の情報を保持するという機能を重視した概念である。しかし，次第に，会話，読書，計算，推理など種々の認知課題の遂行中に，情報の変換や復唱などの情報処理を行うための「作業場」としての機能を果たしていることが明らかとなってきた（森，2018）。たとえば，本を読むときには，目の前の文字を見て意味を理解しながら，その前の部分に書かれていた内容を覚えておかなくては，本全体の内容を理解することは難しい。このように，短期記憶のもつ保持機能だけではなく，処理するという能動的な側面までとらえた発展的な概念が，**ワーキングメモリ（作動記憶）**である。

2-2　ワーキングメモリの構造と機能

ワーキングメモリの構造については，まだ議論がなされており，複数のモデルが提案されている（Engle, Kane, & Tuholski, 1999など）。ここでは，代表的なモデルとして，ワーキングメモリを提唱したバドリー（Baddeley, 2007 井関・齊藤・川﨑訳 2012）のモデルを紹介する（図6-3）。このモデルでは，**中央実行系**とその従属システムである**視空間スケッチパッド**，**エピソード・バッファ**，**音韻ループ**という三つの情報保持システムからなる4要素でワーキングメモリは構成されると考えている。中央実行系は，三つの従属システムと情報を制御し，注意の焦点化や注意の切り替え，注意の分割を担う部分であり，いわばワーキングメモリの司令塔と言える。ただし，中央実行系は情報の保持機能はもたないと考えられており，情報の保持機能は三つの従属システムが担うとされている。

音韻ループは，言語的・音韻的な情報を保持するシステムであり，**音韻ストア**と**構音コントロール過程**という二つの要素で構成される。音韻ストアは，言語知覚過程を支える音韻表象のメカニズムとかかわり，構音コントロール過程

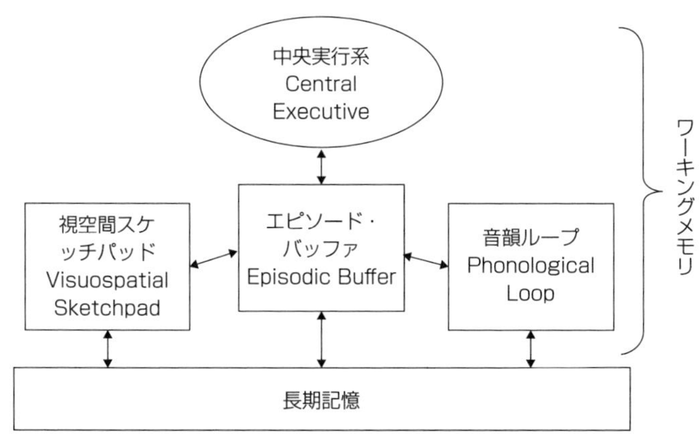

図6-3　ワーキングメモリの構造

（出所）Baddeley, Allen, & Hitch（2011）（湯澤・湯澤（2014）より転載）

は言語産出過程を支える構音的メカニズムとかかわる。この音韻ループは，言語的な情報を短時間保持するだけではなく，新しい音韻知識の長期的な習得にもかかわる（Baddeley, Gathercole, & Papagno, 1998）。次に，視空間スケッチパッドは，視空間的な情報を保持するシステムであり，視覚的オブジェクトや空間位置，筋運動感覚的コードなどを保持する。エピソード・バッファは，三つの従属システムの中心に位置するものであり，音韻的情報を保持する音韻ループや，視空間的情報を保持する視空間スケッチパッドとは異なり，複数の**感覚モダリティ**（**感覚様相**）からの情報を統合した情報を保持する。そのため，エピソード・バッファには視空間的な情報や言語的な情報だけではなく，味覚や嗅覚からの情報も統合されている可能性がある（Baddeley, Allen, & Hitch, 2011）。さらに，音韻ループや視空間的スケッチパッドへの意識的なアクセスを可能にしたり，長期記憶とワーキングメモリをつなぐインターフェイスのような役割を果たしたりすると考えられている。

3　ワーキングメモリの容量の個人差

3-1　ワーキングメモリの容量の測定

ワーキングメモリは保持と処理という二つの機能を担うため，保持と処理の二重課題をとりいれてワーキングメモリ容量の個人差を測定する課題が考案されている。それらは，**ワーキングメモリスパン課題**と総称される（Conway, Kane, Bunting, Hambrick, Wilhelm, & Engle, 2005）。ワーキングメモリスパン課題では記銘すべき刺激を提示している間に，比較的単純な第二課題を行うことが求められる。第二課題のポイントは，注意を引きつけて，刺激の能動的な保持を妨害することである。ほとんどのワーキングメモリスパン課題では，再生のために提示される刺激の数が試行ごとに異なっており，通常，２～７である。そして，大学生の再生成績の平均はだいたい４～５である（Alloway & Alloway, 2013 湯澤・湯澤監訳 2015；詳細についてはConway et al., 2005参照）。

ワーキングメモリスパンには，**リーディングスパンテスト**（Daneman &

表 6-2　リーディングスパンテストの模擬課題

下には，苧阪（2002）が作成した日本語版リーディングスパンテストを模した刺激文が示されている。これを用いて，自分，あるいは，自分以外の人のワーキングメモリ容量を調べてみよう。

実際のやり方とは異なるが，文を声に出して読みながら下線の単語を覚えていき，文をすべて読み終わったら，最後の文に含まれている単語以外から，覚えている単語を答える，というやり方でやってみよう。

〈2文〉

サッカーで手を使ってよいのはゴールキーパーだけである。
その国の科学技術は，先進国の中でも非常に優れている。

〈3文〉

日本語の中には，英語でそのまま使われているものもある。
弟が上京するために，父と母が駅まで彼を送っていった。
私たちは，とても1日ではやり切れない宿題を出された。

〈4文〉

ある人にペンをあげたら，その人はものすごく喜んだ。
母親はスーパーで買い物をして，それから自宅に帰った。
仕事で疲れたときに，近くの公園でのんびりしたくなる。
父親はきまじめな人で，いつも行動パターンが一緒だった。

〈5文〉

男は子どもに向かって，大きな声で危ないぞと叫んだ。
夏休みの宿題で，宇宙人が存在する可能性について調べた。
高校生たちは，図書館で必死に受験勉強をしていた。
突然大きな音が聞こえてきて，思わず腰が抜けてしまった。
おじいさんがつえをつきながらこちらに歩み寄ってきた。

（出所）苧阪（2002）を模して作成（北神（2015）より転載）

Carpenter, 1980；苧阪・苧阪，1994)，**オペレーションスパンテスト**（Turner & Engle, 1989)，**カウンティングスパンテスト**（Case, Kurland, & Goldberg, 1982)，**空間スパンテスト**（Shah & Miyake, 1996）などがある。それらの中で代表的なリーディングスパンテストでは，単文を音読するという処理を行いながら，同時に文中の指定された1単語を保持しておき，最終的に保持できる単語の数を測定する（苧阪・苧阪，1994)。日本語版リーディングスパンテスト（苧阪・苧阪，1994；苧阪，2002）では，この二重課題が2文条件から5文条件まであり，各条件で5試行ずつ実施する。表6-2に，北神（2015）により作成されたリーディングスパンテストの模擬課題を引用した。ぜひやってみてほしい。

3-2　ワーキングメモリの容量の小さい子どもに対する支援

ワーキングメモリの容量は子どもから大人へと成長するにしたがって，増大してピークを迎える。そして，年を重ねるとともに緩やかに減少する（図6-4, Alloway, 2011 湯澤・湯澤訳 2011）。また，ワーキングメモリの容量は個人差が大きい。たとえば，通常学級に在籍する7歳児の場合，4歳児相当のワーキングメモリ容量しかない子どもから10歳児相当のワーキングメモリ容量をもつ子どもまで，6歳分相当の幅があることが報告されている（Gathercole & Alloway, 2008 湯澤・湯澤訳 2009）。

ワーキングメモリの容量が少ないと，どのような不具合が生じるのだろうか。ワーキングメモリの容量の少ない子どもは，学業場面で必要とされるワーキングメモリの負荷に対処することが困難である。つまり，ワーキングメモリを使って，今なすべき課題を処理しながら課題にとって重要な情報を保持しておくことが難しいため，学習活動に失敗する。それは，その子どもが学習の機会を逃すことになる。そして，このような失敗が多くなればなるほど，ますます学習が遅れることにつながっていく。このようにして，ワーキングメモリ容量が少ない子どもは，情報の保持と処理に大きな負荷がかかる主要な教科において，

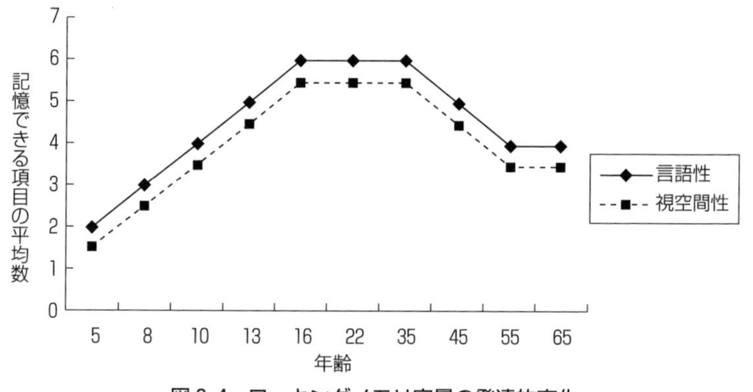

図6-4　ワーキングメモリ容量の発達的変化

（出所）Alloway（2011 湯澤・湯澤訳 2011）

基本的知識やスキルを身につける進度が遅くなってしまう。以上のように，ワーキングメモリの容量は教育上重要なキーワードであることが明らかになってきている（Gathercole & Alloway, 2008 湯澤・湯澤訳 2009）。

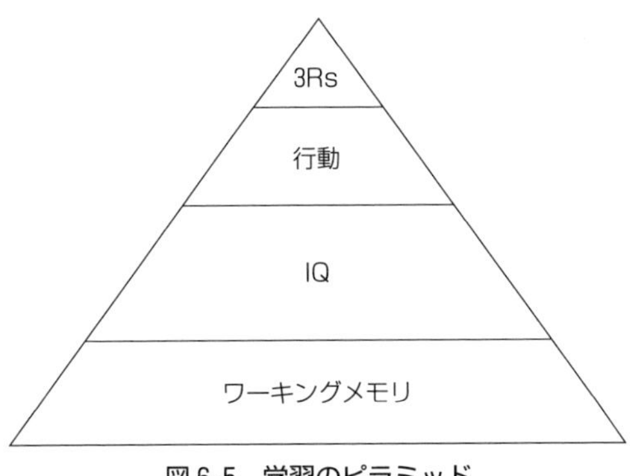

図6-5　学習のピラミッド

（出所）Alloway（2011 湯澤・湯澤訳 2011）

図6-5はワーキングメモリがどのように学習を支えているかを示した学習ピラミッドと呼ばれるものである（Alloway, 2011 湯澤・湯澤訳 2011）。読み・書き・算数という**学習の3技能**（3R：Reading, Writing, Arithmetic）を行動が支え，その行動を知能（IQ）が支え，それら全てをワーキングメモリが支えている。この学習ピラミッドを支持する結果として，5歳

表6-3　ワーキングメモリの介入原則

基本原則	補　足
①ワーキングメモリエラーに気づく	警告のサインには，次のものがあります。不完全な記憶，指示通りにできない，進行状況を把握できない，課題を途中で投げ出す
②子どもをモニターする	警告のサインに気をつけ，子どもに質問する
③ワーキングメモリの負荷を評価する	過大な負荷は，長すぎる情報，なじみがなく，意味的なつながりのない内容，負荷の高い心的な処理活動によって生じる
④必要ならばワーキングメモリの負荷を減じる	覚えなくてはならない情報の量を減らす，情報に意味をもたせ，慣れ親しませる，心的な処理を単純化し，複雑な課題の構造を変える
⑤重要な情報をくり返す	情報の繰り返しを行なうのは，教師や記憶ガイドに指名された同級生である
⑥記憶補助ツールの使用をうながす	ポスター，単語帳，個人用辞典，ブロック，計算盤，そろばん，ユニットブロック，数直線，九九表，計算機，メモリカード，録音装置，コンピュータソフトウェア
⑦ワーキングメモリを支える子ども自身の方略を発達させる	支援を求める，リハーサル，ノートをとる，長期記憶を利用する，進行状況を把握し，課題を構造化する方略

（出所）Gathercole & Alloway（2008 湯澤・湯澤訳 2009）

時点で測定されたワーキングメモリは，11歳時点での学力をIQよりもよく予測したことが挙げられる（Alloway, 2009）。

ワーキングメモリの容量が小さい子どもたちには，どのような支援が必要なのだろうか。表6-3に，ワーキングメモリの容量が小さいために生じる課題の失敗を回避するための授業向けアプローチの基本原則七つを示した（Gathercole & Alloway, 2008 湯澤・湯澤訳 2009）。これらの基本原則にもとづいた支援を行うことにより，ワーキングメモリの容量が小さい子どもが課題に失敗する回数が減り，自信をつけ，学習活動が促進される。

個人のワーキングメモリの容量は，場面が異なってもほぼ一貫している（Gathercole & Alloway, 2008 湯澤・湯澤訳 2009）。そして，その容量は個人によって大きく異なっている。そのため，他者と情報のやり取りをする場合には，相手のワーキングメモリ容量は自分の容量と異なる可能性を考慮し，情報の量や伝達するスピードなど，情報の伝え方に配慮をすることも必要であろう。

❖考えてみよう

・大人よりも記憶スパンの小さい小学校低学年の子どもにお手伝いを頼みたい。手順を教えるのにどのような工夫が必要だろうか。
・短期記憶から長期記憶へ記憶を移すための方法（方略）にはどのようなものがあるだろうか。どんな場面でどのような方法（方略）を用いると有効だろうか。

もっと深く，広く学びたい人への文献紹介

高野 陽太郎（編）（1995）．認知心理学２　記憶　東京大学出版会

☞発刊はやや古いが，「第４章　短期記憶と作動記憶」を中心に，記憶に関する基本的事項が丁寧に解説されている。

湯澤 正通・湯澤 美紀（編著）（2015）．ワーキングメモリと教育　北大路書房

☞ワーキングメモリの基礎理論と教育への応用について，それぞれ詳細に解説されている。教育に興味を持つ人には強く推薦したい。

アロウェイ，T.P.・アロウェイ，R.G.（編著）湯澤 正通・湯澤 美紀（監訳）（2015）．認知心理学のフロンティア　ワーキングメモリと日常――人生を切り開く新しい知性――　北大路書房

☞日常生活におけるワーキングメモリの働きについて多面的に解説されてい

る。

引用文献

Alloway, T. P. (2009). Working memory, but not IQ predicts subsequent learning in children with difficulties. *European Journal of Psychological Assessment, 25*, 92–98.

Alloway, T. P. (2011). *Improving working memory: Supporting students' learning.* London: Sage.
（アロウェイ，T. P.　湯澤 美紀・湯澤 正通（訳）(2011)．ワーキングメモリと発達障害　教師のための実践ガイド２　北大路書房）

Alloway, T. P., & Alloway, R. G. (Eds.) (2013). *Working memory: The connected intelligence.* Hove: Psychology Press.
（アロウェイ，T. P.・アロウェイ，R. G.（編著）湯澤 正通・湯澤 美紀（監訳）(2015)．認知心理学のフロンティア　ワーキングメモリと日常――人生を切り開く新しい知性――　北大路書房）

Atkinson, R. C., & Shiffrin, R. M. (1971). The control of short-term memory. *Scientific American, 225*, 82–90.

Baddeley, A. D. (2007). *Working memory, thought, and action.* Oxford: Oxford University Press.
（バドリー，A. D.　井関 龍太・齊藤 智・川﨑 惠里子（訳）(2012)．ワーキングメモリ――思考と行為の心理学的基盤――　誠信書房）

Baddeley, A. D., Allen, R. J., & Hitch, G. J. (2011). Binding in visual working memory: The role of the episodic buffer. *Neuropsychologia, 49*, 1393–1400.

Baddeley, A. D., Gathercole, S. E., & Papagno, C. (1998). The phonological loop as language learning device. *Psychological Review, 105*, 158–173.

Case, R., Kurland, D. M., & Goldberg, J. (1982). Operational efficiency and the growth of short-term memory span. *Journal of Experimental Child Psychology, 33*, 386–404.

Conway, A. R. A., Kane, M. J., Bunting, M. F., Hambrick, D. Z., Wilhelm, O., & Engle, R. (2005). Working memory span tasks: A methodological review and user's guide. *Psychonomic Bulletin and Review, 12*, 769–786.

Daneman, M., & Carpenter, P. A. (1980). Individual differences in working memory and reading. *Journal of Verbal Learning and Verbal Behavior, 19*, 250–466.

Darwin, C. J., Turvey, M. T., & Crowder, R. G. (1972). An auditory analogue of the Sperling partial report procedure: Evidence for brief auditory storage. *Cognitive Psychology, 3*, 255–267.

Engle, R. W., Kane, M. J., & Tuholski, S. W. (1999). Individual differences in working memory capacity and what they tell us about controlled attention, general fluid intelligence and functions of the prefrontal cortex. In A. Miyake & P. Shah (Eds.), *Models of working memory: Mechanisms of active maintenance and executive control* (pp. 102-134). New York: Cambridge University Press.

Gathercole, S. E., & Alloway, T. P. (2008). *Working memory and learning*. London: Sage.
（ギャザコール, S. E.・アロウェイ, T. P.　湯澤 正通・湯澤 美紀（訳）（2009）. ワーキングメモリと学習指導――教師のための実践ガイド――　北大路書房）

石田 潤・岡 直樹・桐木 建始・富永 大介・道田 泰司（1995）. ダイアグラム心理学　北大路書房

北神 慎司（2015）. 第4章　覚える――記憶の基礎――　服部 雅史・小島 治幸・北神 慎司　基礎から学ぶ認知心理学――人間の認識の不思議――（pp. 71-89）有斐閣

森 敏昭（2018）. 第4章　記憶　無藤 隆・森 敏昭・遠藤 由美・玉瀬 耕治　新版　心理学（pp. 83-107）有斐閣

苧阪 満里子（2002）. ワーキングメモリ――脳のメモ帳――　新曜社

苧阪 満里子・苧阪 直行（1994）. 読みとワーキングメモリ容量――リーディングスパンテストによる検討――　心理学研究, *65*, 339-345.

齊藤 智・三宅 晶（2014）. 第1章　ワーキングメモリ理論とその教育的応用　湯澤 正通・湯澤 美紀（編著）ワーキングメモリと教育（pp. 3-25）北大路書房

Shah, P., & Miyake, A. (1996). The separability of working memory resources for spatial thinking and language processing: An individual differences approach. *Journal of Experimental Psychology: General, 125*, 4-27.

Sperling, G. (1960). The information available in brief visual presentations. *Psychological Monographs, 74*, 1-29.

Turner, M. L., & Engle, R. W. (1989). Is working memory capacity task dependent? *Journal of Memory and Language, 28*, 127-154.

第7章　長期記憶の分類と機能
――私たちを形作る様々な記憶

杉森絵里子

アトキンソンとシフリン（Atkinson & Shiffrin, 1968）が提唱した，記憶の多重貯蔵モデルによると，記憶は一時的にしか覚えていられない短期記憶と，長い間覚えておける長期記憶に分類できる。短期記憶に送り込まれた情報のうち，脳が「本人にとって必要である，もしくは重要である」と解釈した情報は，さらに長期記憶に移される。実際に神経心理学的研究により，情報は一度，脳の海馬という部分に送り込まれ，その中で取捨選択されたり整理されたりした後，側頭葉に送り込まれることが明らかになっている。第6章では，短期記憶を中心に見た。本章ではその人にとって重要な，その人自身を形作っているとも言える長期記憶について見ていく。

1　記憶の分類①宣言的記憶

1-1　長期記憶の分類

長期記憶は，意識的に言葉にできるか否かという基準にもとづいて，大きく**宣言的記憶**と**非宣言的記憶**に分けることができる（図7-1）。宣言的記憶とは，イメージや言語として意識上に内容を想起でき，その内容を語ること（陳述）ができる記憶であるため，陳述記憶とも呼ばれる。「3×3＝9」という九九も，「織田信長が本能寺で亡くなった」という歴史上事実とされている事象も，「昨日カレーライスを食べた」という個人的なエピソードも，陳述できるため，これにあてはまる。なお，陳述記憶の中でも九九や歴史上の事象は意味記憶，

・長期記憶
・意味記憶：知識
・エピソード記憶：個人の思い出
　宣言的記憶（陳述記憶・顕在記憶）
・手続き記憶：体で覚えるものごとの手順
・プライミング：サブリミナル効果など
・連合学習
　非宣言的記憶（非陳述記憶・潜在記憶）

他，自伝的記憶，展望的記憶

図 7-1　長期記憶の分類

個人的なできごとはエピソード記憶に，さらに分類される。

一方，自転車の乗り方，車の運転の仕方について，一つひとつ言語化（陳述）するのは困難である。このようなやり方の記憶は手続き記憶に分類される。さらに，カレーライスのCMを観た後，なぜかカレーライスが食べたくなるというのは，明らかに事前の記憶が後続する行為に影響を及ぼしているわけであるが，そうした影響について意識することは困難である。記憶のうち意識できないものを**潜在記憶**と呼ぶことがある（意識できるものは**顕在記憶**と呼ぶ)。こういった，言語とは無関係で無意識的な行動や思考と関係する記憶を「非宣言的記憶」という。歩いているときに，別れた恋人がつけていた香水と同じ匂いがしてドキドキする（連合学習）というのも非宣言的記憶の一つである。本章では，1節で「宣言的記憶」について，2節で「非宣言的記憶」について説明し，3節ではそれぞれの応用的な研究を紹介する。

1-2　意味記憶

意味記憶は知識のことである。たとえば，「皮が赤く，晩秋に涼しい地方で木に実る果物」といえば「リンゴ」である。さらに「リンゴ」は英語で「apple」である。これらは全て意味記憶に属する。勉強などによって得る一般的な知識や教養の大半は意味記憶に該当する。他にも，家族や友人の名前や誕生日などの個人的な事実も意味記憶である。

意味記憶は，社会的に共有する知識の記憶であるため，文化や社会が異なると，違ったものとなる可能性がある。たとえば，終戦日は，日本では「日本の降伏が国民に玉音放送で公表された日」として「1945年（昭和20年）8月15

日」とされているが，他の多くの国では「日本政府がポツダム宣言の履行等を定めた降伏文書（休戦協定）に調印した日」として「1945年（昭和20年）９月２日」とされている。

「リンゴ」や「apple」といった単語は，目にした，もしくは耳にした初めは，音もしくはひらがなやアルファベットが無意味に並んだ無意味語（つづり）である。「リンゴ」が無意味語つづりと聞いてもピンとこないかもしれないが，少し難易度の高い「vendor」という単語だと腑に落ちるのではないだろうか。「vendor」は日本語では「売り子」の意味にあたる。母国語を２～３歳で話せるようになったのと比較して，中学校以降で学習する英単語は覚えるのに時間を要する。そういう場合，「あのお店の売り子の名前はベンだー！」といった語呂合わせを用いることがある。語呂合わせは**記憶術**の一種である。

記憶術とは大量の情報を急速に長期に記憶するための技術の総称で，主に覚えるべき単語や数字に対してエピソードや物語を作っていく。英単語の語呂合わせの場合は，文の中に覚えるべき英単語とその日本語訳が入る形で，印象に残る文を作成し，その文を記憶することで，英単語と日本語が記憶される。また，記憶術の中でもっとも用いられている方略の一つである場所法の場合，通学路や通勤路など日ごろよく使用する経路を思い浮かべ，自宅を出てから目的地に到着するまでの目印となる建物や場所を複数設定する。その設定した建物や場所一つひとつに，記憶したい対象物を置き，自分が通学（通勤）する際に，記憶したい対象物一つひとつに何かしらの形で出会うという内容の物語を作成する。その物語を記憶することで，覚えるべき対象物を記憶することができる。

脳の**海馬**と呼ばれる部位が主に記憶に関与している。海馬の側には情動がかかわるとされている**扁桃体**がある。記憶の際に海馬だけではなく，扁桃体も活性化することで，より記憶に残りやすくなる。

ジーベルトら（Siebert, Markowitsch, & Bartel, 2003）は，実験参加者にポジティブ画像として可愛い動物やおいしい食べ物の写真，ネガティブ画像としてヘビや暴力の写真，ニュートラル画像として会社や家の写真を複数枚呈示した。しばらくして，それぞれの画像について見たか否かをたずねたところ，ニュートラル画像が他の画像と比較して，実際には見たのに「見ていない」，実際には見ていないのに「見た」という誤りが多く，再認成績が低かった。一方で，情動にかかわる扁桃体が損傷している患者では，ニュートラル画像と情動を喚起する画像の再認成績に違いは見られなかった。これらのことから，情動のかかわる記憶には，扁桃体と海馬の相互作用が重要な役割を果たすことが示唆された。

記憶術は，無意味もしくは情動を喚起させない単語や事象について，そうした単語や事象を含み，情動を喚起する文や物語を作成することで，記憶に残りやすくしている。実際，記憶術の達人もそうした記憶方略を用いており，大量の無意味な数字や単語から短時間で記憶に残りやすい形の文章や物語を作成する訓練を日々行っている。

1-3　エピソード記憶

エピソード記憶はできごとの記憶である。エピソード記憶には，時間や場所，そのときの感情が含まれる。意味記憶を記憶するための方略である記憶術は，意味記憶をエピソード記憶へと変換させる作業である。意味記憶とエピソード記憶の分類は明確ではない。たとえば「3.11東日本大震災」や「1945年８月15日は終戦日」は，教科書で知る程度の人にとっては意味記憶であるし，実際にその場で体験した人にとってはエピソード記憶である。さらに，実際にその場で体験しなかったとしても，そのニュースを見たり聞いたりしたときに，自分がどこで何をしていて何を感じたかとともに記憶している場合はエピソード記憶である。

エピソード記憶の中でも，その人にとってとくに重要な意味をもち，自分自身のアイデンティティを形作るような記憶を**自伝的記憶**と呼ぶ。意味記憶とエピソード記憶の違いと同様，エピソード記憶と自伝的記憶の間に，明確な違いはない。ただし，自伝的記憶の特色が二つある。一つは，**幼児期健忘**と言われるもので，生まれてから３～４歳ごろまでの記憶がないという現象である。幼児期健忘が起こる理由について，以前は，３～４歳ごろまで，自己認識や言語などが備わっていないからだという説が有力であった。しかし，ヒトのような自己意識や言語をもたないマウスやサルにも幼児期健忘が存在すること（Josselyn & Frankland, 2012）や，4歳半の子どもが3歳のときにディズニー・ワールドへ旅行に行った詳細な記憶を思い出せたこと（Hamond & Fivush, 1991）などが明らかになったため，最近では，幼少期の脳はニューロンの再生が早いので，古い記憶へのアクセスが困難になるという見解が有力である（Akers et al., 2014）。5歳半の子どもは3歳での体験の8割を覚えている一方，7歳半の子どもは3歳での体験の4割未満程度しか思い出せなくなっていることからも，成長とともに，記憶へのアクセスが困難になっていることが示唆される。

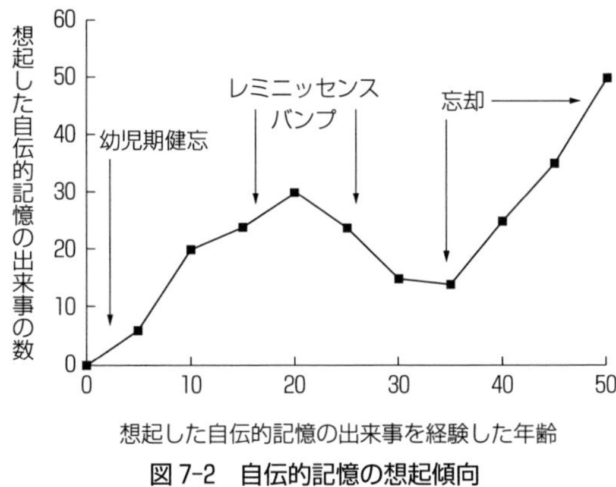

図7-2　自伝的記憶の想起傾向

（出所）Conway & Pleydell-Pearce（2000）

自伝的記憶における二つ目の特色は，過去のことを想起する際，アイデンティティの形成期に相当する青年期から成人前期の記憶がもっとも想起されやすいという現象（**レミニッセンスバンプ**）である（図7-2）。自伝的記憶の想起時に抱く「懐かしい」と感じる気持ちは，ポジティブなものが多い。また，失恋や受験の失敗や負け試合など，その当時はネガティブなものでも，bittersweet（ほろ苦い）という形で少しポジティブに変換されて想起されやすい。この「懐かしい」感情は，それを抱くことによって脳の報酬系と呼ばれるところが活性化し，幸福感や快感を感じることで，よりよい未来を生きるために備わっている機能だと言われている（Oba, Noriuchi, Atomi, Moriguchi, & Kikuchi, 2016；Speer, Bhanji, & Delgado, 2014）。

1-4　その他の分類

将来に向かっての記憶のことを**展望的記憶**という。展望的記憶の研究では，展望的記憶と対比的に分類するために，過去のことについての記憶を**回想的記憶**と呼ぶ。展望的記憶はさらに「明日夕方５時に改札前で待ち合わせ」といった，何時に何をするという時間ベースのものと，「通学時に途中のポストに手紙を投函する」といった，あるできごとが起こったら何をするという事象ベースのものとに大きく分類できる。

回想的記憶と比較した展望的記憶の特徴の一つに，想起すべきタイミングに意図した行為を想起する必要があるということが挙げられる。たとえば「夕方５時に待ち合わせ」だということを，夕方６時に想起したり，学校に到着してから「ポストの横を通ったときに手紙を投函する」ことを想起しても，展望的記憶の想起成功とはならない。

時間ベースの展望的記憶と事象ベースの展望的記憶の違いとして，時間ベースの展望的記憶は明白な手がかりがない状況で自発的に想起すべき内容を想起しなくてはならないのに対し，事象ベースの展望的記憶は，たとえば「ポストの前を通る＝ポストを見る」といった事象そのものが手がかりとなる。事象ベースの展望的記憶と比較して，時間ベースの展望的記憶の方が，加齢とともに低下する傾向にあるという結果（Einstein, McDaniel, Richardson, Guynn, & Cunfer, 1995）は，手がかりの有無とかかわるのかもしれない。また，高齢者は，若者と比較して「自身の展望的記憶能力は下がっている（自分の記憶力は衰えている）」というメタ認知（自身の認知に対する認知）をもつ傾向があるため，手帳やカレンダーに予定を書き込むという形で外的記憶補助に依存する傾向が高くなる（Moscovitch, 1982）。その結果，展望的記憶失敗の傾向として，高齢者は意図した行為の内容を忘れることが多いのに対し，若者は意図した行為の存在そのものを忘れることが多いと言われている。

2　記憶の分類②非宣言的記憶

2-1　手続き記憶

宣言的記憶には脳の海馬が関与しているのに対し，自転車の乗り方や泳ぎ方といった**手続き記憶**には異なる部分が関与している。1950年代に，アメリカ人男性のH. M.がてんかん治療のため，海馬を含む内側側頭葉を切除されたところ，てんかん発作は消失したが重度の記憶障害を呈するようになった。H. M.に対し，様々な認知機能とかかわるテスト課題を実施した結果，手術前と後でIQの低下は見られず，言語について文法や語彙の処理も正常であり，数字の復唱もできた。その一方で，病院のスタッフに対して，常にはじめて出会うかのような接し方をしたり，病室からトイレまでの行き方が記憶できなかったりと術後に経験した出来事はまったく記銘できなくなっていた。つまり，事象を短期記憶から長期記憶に移すことができなくなっていたのである。このように，受傷などをした時点以降の記憶が抜け落ちる状態のことを**順向性健忘**という。受傷以前の過去の記憶を失うことは**逆向性健忘**という。

エピソード記憶において順向性健忘が見られたH. M.ではあるが，手続き記憶を検討するための課題である鏡映描写（鏡を見ながら，鏡越しに2重線で描かれた星の図形の線と線の間をなぞる課題：図7-3）を1日10回，3日間連続で行ったところ，練習のたびに鏡映描写の試行時間が短縮した。興味深いことに，H. M.には自身が毎日鏡映描写課題を行っているというエピソード記憶は残っていなかった。さらに，パーキンソン病や小脳変性症といった大脳基底核疾患や小脳疾患の患者では，エピソード記憶の障害は見られずに手続き記憶が障害される事例が報告されている（Pascual-Leone et al., 1993；Saint-Cyr, Taylor, & Lang, 1988）。これらから，手続き記憶はエピソード記憶と異なる脳部位で処理されていることが示唆される。現在のところ，手続き記憶には，大脳基底核がおおまかな体の筋肉を動かしたり止めたりといった作業とかかわり，小脳が筋肉の細かい動きの調整やコントロールとかかわることが明らかになっている。

図 7-3　鏡映描写課題

同じ行為を何度も繰り返すうちに，大脳基底核と小脳のニューロンネットワークが結びつき，一旦ネットワークが形成されると，意識的な処理を伴わず自動的に機能し，長期間保存される。

テニス部に所属している人は，そうでない人と比較して，バトミントンの習得が速かったり，ギタリストはそうでない人と比較してベースの習得が速かったりする。手続き記憶において，過去に学習したことがその後の学習にポジティブな影響を及ぼすことを**正の転移**と呼ぶ。一方で，テニス部の人がバトミントンでテニスの癖が出てしまうというネガティブな影響を及ぼすこともある。これを**負の転移**と呼ぶ。また，ある行為を片方の手や片方の足で練習した後，もう片方の手や足で同様の行為を練習した際に転移が見られることを**両側性転移**という。

手続き記憶とかかわる技能の学習には，**スランプ**と**プラトー**（**高原**）という時期が存在する。新しい技能を学習し始めたとき，はじめは練習量に応じて成長していくが，ある時期をさかいに，学習を続けているにもかかわらず，成長が停滞してしまう現象をプラトーと呼ぶ。プラトー状態に陥ったときは，「一度その練習と距離を置いて客観的に自身の練習方法を見直してみる」「練習に新たなことを加えてみる」といった工夫を行う必要がある。一方，スランプとは，今までできていたはずのことがうまくできなくなってしまう状態で，故障，動作の小さなズレ，心身の疲労感，モチベーションの低下，プレッシャーなどが原因であると言われている。つまり，プラトーは成長の停滞で，スランプは本来の能力が出せなくなることである。

2-2　プライミング

パン，バター，ミルクの写真をそれぞれ呈示された後「S○○p」という単語完成課題を行うと「Soup」と回答する傾向が見られるが，シャワー，シャンプー，タオルの写真が呈示された後だと「Soap」と回答する傾向が見られる。先行刺激（前述の例では，パン，バター，ミルクの写真や，シャワー，シャンプー，タオルの写真）を処理することによって後続刺激（「S○○p」）の処理が促進されること（Soup もしくは Soap を想起しやすくなること）を**プライミング効果**と呼ぶ。この場合，先行刺激をプライム，後続刺激をターゲットと呼ぶ。前述の例のように，プライムとターゲットが同一のものではなく，関連性が高い場合を**間接的プライミング**もしくは**意味的プライミング**と呼ぶ。一方，プライムとターゲットが同一のものである場合，**直接的プライミング**もしくは**反復プライミング**と呼ぶ。直接的プライミングの課題の例としては，初めに「呈示された単語の数を数える」といったプライミングとは一見関係のない課題を行い，その単語リストの中に「Soup」という単語を紛れ込ませておく。その数時間後に単語完成課題を行うと，「S○○p」に対して「Soap」ではなく「Soup」と回答する傾向が高くなる。

より日常生活に沿った形のプライミングの研究として，ハリスら（Harris, Bargh, & Brownell, 2009）が行った研究がある。彼らは，自由に食べられるスナックが置かれた状態で，実験参加者に TV を視聴させた。TV 視聴時に，食べ物の CM を流す群と食べ物以外の製品の CM を流す群では，食べ物の CM を流した群の方がスナック摂取量が多かった。これは食べ物のCMがプライムとなり，置かれていたスナックがターゲットとなったプライミング効果であると言える。

プライミング効果は，プライムを閾下呈示（**サブリミナル呈示**）したときにも効果が見られる場合があると言われている。有名な研究として，ヴィカリー（Vicary, M.）が1957年に行った映画上映中に「コーラを飲め」という言葉をサブリミナル呈示することで，映画終了後にコーラ購入率が上がったというものがあるが，この研究は現在では虚偽であることが明らかになっている。しかし，2000年代から再び，どういった状況において，サブリミナル呈示がプライミング効果を及ぼすかについての研究が行われ始めた。現在のところ，飲み物に関しては，喉が渇いていて疲労度が高いときに，日ごろあまり飲まないが好ましく思っている銘柄がサブリミナル呈示されると，その銘柄を選択する傾向にあることが明らかになっている（e.g., Karremans, Stroebe, & Claus, 2006）。

2-3　連合学習

連合学習は，主に**古典的条件づけ**（**レスポンデント条件づけ**）と**道具的条件づけ**（**オペラント条件づけ**）の二つに分類される。古典的条件づけ（レスポンデント条件づけ）は，「パブロフの犬」の実験で知られている。エサ（肉）を見せられると，犬は自然に唾液を分泌する。これは生理的な反応（不随意運動）で，エサは**無条件刺激**，唾液は**無条件反応**と呼ばれる。エサと同時，もしくは少しだけ先にベルの音を鳴らすことを繰り返す。すると，ベルの音はそれだけでは犬の唾液を分泌させるような刺激ではない（**中性刺激**）にもかかわらず，ベルの音を聞いただけで唾液を分泌するようになる。これは，中性刺激であったベルの音が**条件刺激**になり，ベルの音に対する唾液の分泌という**条件反応**を引き起こすようになったことを意味する。すなわち，古典的条件づけは，ある刺激（条件刺激）に対する特定の反応（条件反応）を行う手続き記憶と言える。

ところで，ベルの音に対する唾液の分泌という古典的条件づけが成立した後，類似したベルの音に対しても唾液が分泌するようになることがある。この，は

表 7-1　道具的条件づけの４種

	強化	弱化
正	**手伝いをしたら**親に*お小遣いをもらった*（報酬・好子の出現）ため，**手伝いをする**という行為頻度が上昇した（正の強化）	**盗み食いをしたら**母親に*叱られた*（罰・嫌子の出現）ので，**盗み食い**をしなくなった（正の弱化）
負	頭痛のときに**薬を飲む**ことで，*頭痛がおさまった*（罰・嫌子の消失）ため，**薬を飲む**という行為頻度が上昇した（負の強化）	**騒いでいたら**，*おもちゃを没収された*（報酬・好子の消失）ので，子どもたちは**騒ぐ**のをやめた（負の弱化）

（注）太字の部分は強化・弱化の対象となる行為，イタリックの部分は報酬・好子もしくは罰・嫌子。

じめに条件づけされた刺激以外の，類似した別の刺激にも，条件反応が起こることを**般化**と呼ぶ。ある特定の音にだけ条件づけを行いたい場合，類似した音を呈示したときにはエサは呈示せず，特定の音のときだけエサを呈示することで刺激の区別，すなわち**弁別**が成立する。しかし，あまりにも音が類似していて弁別が困難なときは，異常な興奮状態に陥り，簡単な弁別もできなくなり，さらに日常の行動にも異常をきたす実験神経症と呼ばれる状態になる。

道具的条件づけ（オペラント条件づけ）は，動物（人間も含む）が特定の反応をしたときだけ，将来行動を増加させるような刺激やできごと（「報酬」「好子」と呼ばれる）を与えると，その反応の出現頻度が高まったり，行動を減少させるような刺激やできごと（「罰」「嫌子」と呼ばれる）を与えると，その反応の出現頻度が低下したりする条件づけである。反応頻度の増加を**強化**，反応頻度の減少を**弱化**と呼ぶ。また，ある刺激やできごとが出現することを「正」，ある刺激やできごとが消失することを「負」と表現し，４種類に分類できる（表7-1）。たとえば，「泣いた子どもにおもちゃを与えたら泣きやんだ」といった行為は，親の視点では，「おもちゃを与える」という行為が子どもが泣き止むという嫌子消失による（負の）強化になっているが，子どもの視点では「泣く」という行為が，親におもちゃを与えてもらうという好子出現による（正の）強化になっている。

連合学習も記憶の一種である。たとえば，道路を渡るときには信号を見る必要がある。つまり，「道路を渡る」行動ではなく，「信号が青のときにだけ道路を渡る」行動を条件づけしなければならない。つまり，「信号を見ること」「信号が青のときにだけ道路を渡ることができること」を記憶しておかなくてはならない。（青）信号のように行動すべきかどうかの手がかりとなる刺激を**弁別刺激**と呼ぶ（郷式，2019）。青信号ではない（弁別刺激がない）ときに道路を渡ろうとしても車の往来があるために渡れない（好子が出現しない）ため強化は生じない。一方，青信号（弁別刺激あり）のときには道路を渡ることができる（好子の出現）。したがって，青信号（弁別刺激あり）のときにだけ道路を横断するという行為頻度が高まる（正の強化）。道具的条件づけも，ある刺激（強化子）に対する特定の反応を行う手続き記憶であり，また，手がかりとなる刺激（弁別刺激）に対する特定の反応を行う手続き記憶とも言える。

なお，古典的条件づけと道具的条件づけの違いを説明するために，げん担ぎを例に挙げる。靴を履くとき，右足から履いた際，偶然試合に勝って気分が高揚したということが複数回続いたとする。それにより，右足から靴を履くだけで，気分の高揚という不随意運動が生じるようになった場合には古典的条件づけで説明できる。また，右足から靴を履くという自発的行為の出現頻度が高まる（げん担ぎを行うようになる）ことは道具的条件づけで説明できる。

3　記憶の機能（応用的研究紹介）

3-1　偽りの記憶（宣言的記憶）

実際には起こっていないにもかかわらず，実際のことだと思い込んで（記憶して）いるエピソード記憶に関して，多くの研究がされている。たとえば，あらかじめ実験参加者の家族に対してインタビューを行い，実際に起こったことと起こっていないことについて確認する。その後，実際に過去に起こったできごと三つの中に「ショッピングモールで迷子になった」という偽りのできごとを混ぜて，合計四つのエピソードについて，実験参加者に対し，１か月間で繰り返し質問した。その結果，実験参加者のうち４分の１に対して，「ショッピングモールで迷子になった」という偽りのエピソード記憶を植えつけることに成功した（Garry, Manning, Loftus, & Sherman, 1996）。また，画像編集ソフトを用いて，実験参加者が幼いとき父親と一緒に撮った写真を，熱気球の写真の中に貼り付けて，熱気球に父子で乗っている写真を捏造し，実験参加者に「この日のことについて説明してください」と繰り返したずねたところ，熱気球に父親と乗ったという偽りの記憶を多くの実験参加者に対して植えつけることができた（Wade, Garry, Read, & Lindsay, 2002）。実際には経験していない偽りのエピソード記憶を何度も想像することにより，現実のこととして認識してしまう現象のことを**イマジネーションインフレーション**という。

一般的に，記憶は，想起するたびに変容し，変容した形で再び貯蔵されるといわれており，それは**記憶の再固定化**と呼ばれる。実際のできごとに対して，後から情報が加えられることによる記憶の変容を**事後情報効果**と呼び，言い回しの工夫によって，できごとに対する印象を操作することで記憶を変容させることを**語法効果**と呼ぶ。たとえば，「あのとき，叩かれたのは痛かったですか？」とたずねることで，「叩かれた」という偽りの記憶が誘導的に植えつけられたり（事後情報効果），「あの盛り上がりに欠けた誕生日会で，どのように感じましたか？」とたずねられることで「盛り上がりに欠けた」という偽りの感情が追加されたりする（語法効果）。

こうした現象は事件や事故の目撃証言を扱う際に非常に重要である。実際，目撃証言の信憑性がかなり低いことが現在では知られている。たとえば，犯人の顔の記憶について，犯人が凶器を持っている場合，凶器が強い情動を引き起こすために凶器に対しての記憶が鮮明になる代わりに，犯人の顔を鮮明に記憶できなくなる（**凶器注目効果**）。また，犯人の顔を詳細に説明する際，「顔が四角い」，「目が細い」など，言語化することによって，言語化された特徴にひきずられる形で犯人の顔の記憶が変容する現象も見られる（**言語隠蔽効果**）。

3-2　習慣（非宣言的記憶）

人はある行為を行う際，前頭前皮質で行為の決定が下され，遂行される。決定した行為が「うまくいったか」「失敗か」の判断は，中脳におけるドーパミ

コラム　電子書籍やデジタルカメラ，スマートフォンの普及の影響

デジタル媒体で読書をすることが増えてきている。これまで，紙媒体とデジタル媒体，どちらが効果的に読めるのかについて研究がされてきた。大学生を対象とした研究では，紙媒体で読んだ方がPC画面で読んだ場合より読解テストの成績がよく，またストレス疲労度がより低いことが明らかになった（Sheppard & Wolffsohn, 2018）。他にも，時間の制限がある場合には紙媒体と電子媒体で読解テストの成績に違いが見られないが，時間の制限がない場合には紙媒体ではじっくり時間をかけて読むのに対し，電子媒体の場合は斜め読みやキーワードを追う形の読み方をするため，成績が下がるといった結果が見られた（Ackerman & Lauterman, 2012）。子どもを対象とした研究でも，紙媒体で絵本を読み聞かせると，対話型の読み聞かせになるのに対し，電子機能がついていると音響効果に興味を示し遊ぶため，物語の筋に関する記憶成績が下がるという結果が見られている（Merga & Mat Roni, 2017）。

これらのことから現在のところ，電子媒体は，ストレス疲労度が高く，じっくりとした深い読みをさまたげること，「読む」以外の機能がついておりそちらに注意が向いてしまうことから，紙媒体と比較して，深化が問われる読みには向いていないことが明らかになっている。他にも，紙媒体にあって電子媒体にはないものとして「身体性」が指摘されている。読みながら，今，全体のここら辺を読んでいるという感覚や，その本ならではの匂いや重さを知らず知らずに味わっているのかもしれない。

また，デジタルカメラやスマートフォンの普及によって，気軽にいつでも写真を撮ることができるようになった。写真を撮ることが記憶に及ぼす影響として撮影減損効果（photo-taking impairment effect）がある。ヘンケルら（Henkel, Parisi, & Weber, 2016）が行った実験では，実験参加者を美術館に連れて行った。半数の実験参加者には，「気に入った作品をいくらでもカメラで撮影してよい」と教示し，残りの実験参加者には，撮影の許可を与えなかった。その結果，作品をただ観て鑑賞した場合よりも，カメラで写真を撮って回った場合の方が，作品自体を覚えている割合が10%，作品の詳細な情報を覚えている割合が12%ほど低下した。写真を撮ると，他者と思い出を共有できたり，後に思い返して懐かしい気持ちに浸れるというポジティブな側面もあるが，一方で，そのときの出来事を覚えておけないというネガティブな側面もあることに留意しておいた方がいいかもしれない。

ン分泌量で判断される。「うまくいった」と判断された場合，その行為は頻繁に繰り返されるようになる（ドーパミンが好子として働く道具的条件づけの原理で説明できる）。行為が繰り返されるうちに，行為とかかわる一つひとつの動きのネットワークが**チャンク**（ひとまとまりの情報）化され，習慣となる。一度チャンク化された行為は，非チャンク化されることはない。そのため習慣から

抜け出すことは困難である。

ただし，習慣的行為を遂行するか否かについては，前頭前野皮質のニューロンのオンオフでコントロールすることができるため，「オフ」を選択することで，その行為を遂行しない選択が可能になる。その習慣的行為の遂行を「オフ」にするためには，より多くのドーパミンが分泌されるような別の行為を行うとよい。たとえば，学校の帰りにコンビニに寄ってお菓子を買うという習慣から抜け出したい場合，ちょうど学校から帰宅する時間にご飯が炊けるよう自宅の炊飯器をセットして出かけると，まっすぐ家に帰り，炊き立てのごはんを食べるという行為が選択される可能性がある。

❖考えてみよう

・第二外国語の単語を覚えるときに，どんな工夫をすれば早く完全に覚えることができるか考えてみよう。

・わかってはいるがやめられない癖を直す方法を考えてみよう。

もっと深く，広く学びたい人への文献紹介

北神 慎司・林 創（編）(2015)．心のしくみを考える――認知心理学研究の深化と広がり――　ナカニシヤ出版

☞第１章にはソースモニタリングについての研究，第２章には偽りの目撃証言についての研究，第３章には感情が記憶に与える影響，第４章にはメタ記憶についての研究が紹介されている。

杉森 絵里子 (2012)．「記憶違い」と心のメカニズム　京都大学学術出版会

☞「言ったか否か」「言われたか否か」といった記憶違いが起こるメカニズムや，記憶違いの傾向の個人差についての研究が紹介されている。

ロフタス，E. F.・ケッチャム，K.　仲 真紀子（訳）(2000)．抑圧された記憶の神話――偽りの性的虐待の記憶をめぐって――　誠信書房

☞偽りの記憶研究の第一人者であるエリザベス・ロフタス（Loftus, E. F.）の，実体験や実験を基にしたノンフィクションである。読みやすく初心者におすすめ。

引用文献

Ackerman, R., & Lauterman, T. (2012). Taking reading comprehension exams on screen or on paper? A metacognitive analysis of learning texts under time pressure. *Computers in Human Behavior, 28*(5), 1816-1828.

Akers, K. G., Martinez-Canabal, A., Restivo, L., Yiu, A. P., De Cristofaro, A., Hsiang, H. L.,... Frankland, P. W. (2014). Hippocampal neurogenesis regulates forgetting during adulthood and infancy. *Science, 344*(6184), 598-602.

Atkinson, R. C., & Shiffrin, R. M. (1968). Chapter: Human memory: A proposed system and its control processes. In K. W. Spence & J. T. Spence (Eds.), *The psychology of learning and motivation* Vol. 2 (pp. 89-195). New York: Academic Press.

Conway, M. A., & Pleydell-Pearce, C. W. (2000). The construction of autobiographical memories in the self-memory system. *Psychological Review, 107*(2), 261-288.

Einstein, G. O., McDaniel, M. A., Richardson, S. L., Guynn, M. J., & Cunfer, A. R. (1995). Aging and prospective memory: Examining the influences of self-initiated retrieval processes. *Journal of Experimental Psychology: Learning, Memory, & Cognition, 21*, 996-1007.

Garry, M., Manning, C., Loftus, E. F., & Sherman, S. J. (1996). Imagination inflation: imagining a childhood event inflates confidence that it occurred. *Psychonomic Bulletin & Review, 3*(2), 208-214.

郷式 徹 (2019). 道具的条件づけ――行動修正のメカニズムと実際―― 郷式 徹・西垣 順子（編著） 学習・言語心理学――支援のために知る「行動の変化」と「言葉の習得」―― (pp. 29-43) ミネルヴァ書房

Hamond, N. R., & Fivush, R. (1991). Memories of Mickey Mouse: Young children recount their trip to Disneyworld. *Cognitive Development, 6*, 433-448.

Harris, J. L., Bargh, J. A., & Brownell, K. D. (2009). Priming effects of television food advertising on eating behavior. *Health Psychology, 28*, 404-413.

Henkel, L. A., Parisi, K., & Weber, C. N. (2016). The museum as psychology lab: Research on photography and memory in museums. In T. Stylianou-Lambert (Ed.), *Museums and visitor photography: Refining the visitor experience* (pp. 153-183). Cambridge, MA: MusuemsEtc.

Josselyn, S. A., & Frankland, P. W. (2012). Infantile amnesia: A neurogenic hypothesis. *Learning & Memory, 19*, 423-433.

Karremans, J., Stroebe, W., & Claus, J. (2006). Beyond vicary's fantasies: The impact of subliminal priming and brand choice. *Journal of Experimental Social Psychology, 42*, 792-798.

Merga, M. K., & Mat Roni, S. (2017). The influence of access to eReaders, computers and mobile phones on children's book reading frequency. *Computers & Education, 109*, 187-196.

Moscovitch, M. (1982). A neuropsychological approach to perception and memory in normal and pathological aging. In F. I. M. Craik & S. Trehub (Eds.), *Aging and cognitive processes* (pp. 55–78). New York: Plenum.

Oba, K., Noriuchi, M., Atomi, T., Moriguchi, Y., & Kikuchi, Y. (2016). Memory and reward systems coproduce 'nostalgic' experiences in the brain. *Social Cognitive and Affective Neuroscience, 11*(7), 1069–1077.

Pascual-Leone, A., Grafman, J., Clark, K., Stewart, M., Massaquoi, S., Lou, J. S., & Hallett, M. (1993). Procedural learning in Parkinson's disease and cerebellar degeneration. *Annals of Neurology, 34*(4), 594–602.

Saint-Cyr, J. A., Taylor, A. E., & Lang, A. E. (1988). Procedural learning and neostriatal dysfunction in man. *Brain: A Journal of Neurology, 111*, 941–959.

Sheppard, A. L., & Wolffsohn, J. S. (2018). Digital eye strain: Prevalence, measurement and amelioration. *BMJ Open Ophthalmology, 3*, e000146.

Siebert, M., Markowitsch, H. J., & Bartel, P. (2003). Amygdala, affect and cognition: Evidence from 10 patients with Urbach-Wiethe disease. *Brain, 126*, 2627–2637.

Speer, M. E., Bhanji, J. P., & Delgado, M. R. (2014). Savoring the past: Positive memories evoke value representations in the striatum. *Neuron, 84* (4), 847–856.

Wade, K. A., Garry, M., Read, J. D., & Lindsay, S. (2002). A picture is worth a thousand lies: Using false photographs to create false childhood memories. *Psychonomic Bulletin & Review, 9*, 597–603.

第8章　思考と推論
——どのように前提から結論を導くか

中村紘子

推論とは，前提から結論を導く思考であり，推論によって，なんらかの基準から個別の事例を判断することや，個別の事例から法則を見いだすことが可能になる。たとえば，医師が診断基準に症状を照らし合わせて病名を判断したり，患者の訴えから病気の原因について仮説を立てることも推論のはたらきである。では，こうした推論を行う際，私たちはつねに論理や確率規則などの客観的基準に従っているだろうか。本章では，人がどのように推論を行い，それがどのような基準や法則に従っているのかを解説する。

1　思考とは何か

1-1　様々な思考

思考とは，目標を達成するために，問題解決や予測，推論，意思決定を行う心のはたらきである。ギルフォード（Guilford, 1967）は，思考を**拡散的思考**と**収束的思考**の2種類に分類した。拡散的思考はブレインストーミングのように様々なアイデアを生み出す思考であり，創造性と関連する。一方，収束的思考は最適な唯一の答えを導く思考であり,「富士山の高さは何メートルか？」といった問いに答える場合が該当する。思考のはたらきは多岐にわたるが，本章では収束的思考である**論理的推論**（**演繹推論・帰納推論**）と**確率推論**を取り上げる。

推論とは，前提から結論を導く思考であり，推論をする際の規則のまとまりが**論理**である。古典的な論理体系である**命題論理**では，真偽の定まる文を命題とよぶ。命題Aが**真**であるとはAが成立し矛盾がないことを意味し，Aが**偽**であるとはAが真ではないことを意味する。では，次に示す推論①と②について，前提となる命題が真のとき，結論は必ず真と言えるだろうか。

	①	②
前提	*すべての鳥は飛べる*	*スズメには羽根がある*
前提	*ペンギンは鳥である*	*ペンギンには羽根がある*
結論	*ペンギンは飛べる*	*鳥には羽根がある*

①の結論は偽，②の結論は真と感じられるだろう。しかし，論理的には①は**妥当**な推論であり，前提が真であれば結論も必ず真である。一方，②の結論は可能性が高く確からしいが，前提が真であっても結論は必ずしも真ではない。

演繹推論は，前提となる命題から論理に従って結論を導く推論である。演繹推論の特徴として，推論の妥当性が形式的に定まるという点がある。①のように，「*すべての*A *は*B *である*」と「C *は*A *である*」という前提から，「C *は*B *である*」と結論する推論は，「A，B，C」の内容にかかわらず論理的に妥当な推論である。一方，**帰納推論**は，②のように，前提となる命題から，論理的に必ず真とは言えないが，確からしい結論を導く推論である。

命題は真偽が定まる文だが，現実世界では「試験に合格するかは五分五分だ」というように，真偽が不確実な場合が多い。不確実な現実世界で，人がどのように物事の生じやすさを判断するかは，思考心理学の重要なテーマである（第9章2節も参照)。確率や頻度情報を用いた推論を**確率推論**とよび，近年，論理的推論に確率の概念を取り入れた推論の確率的アプローチが提唱されている（Evans & Over, 2004；Oaksford & Chater, 2007)。

1-2　思考心理学のアプローチ

様々な研究が，人が推論課題で頻繁に論理や確率規則に違反することを示している。多くの人に一貫して見られる思考のエラーの傾向を，**思考のバイアス**とよぶ。こうした人の推論の特徴の心理学的説明として，**規範的アプローチ**と

記述的アプローチがある。

規範的アプローチでは，論理や確率規則を客観的基準とし，どう推論をすれば客観的基準に従った正しい解を導けるかに重点をおく。規範的アプローチの代表的な理論として，命題論理にもとづく推論理論である**メンタルロジック説**（Braine & O'Brien, 1991）と**メンタルモデル説**（Johnson-Laird, 2004）がある。メンタルロジック説によれば，人は心の中に論理的な推論規則を持ち，その推論規則を命題に適用することで演繹推論を行っている。推論に必要な推論規則の数が多い場合や，規則の適用手順が複雑な場合，推論する人の認知能力を超えてしまうため推論エラーが生じる。

記述的アプローチでは，人間が推論する際に，実際にどのような法則や基準を用いるかの説明に重点をおく。たとえば，推論の確率的アプローチは，論理的推論課題において，人は実際には論理ではなく確率を用いて推論を行うと主張している（Evans & Over, 2004；Oaksford & Chater, 2007）。また，トヴァスキーとカーネマン（Tversky & Kahneman, 1973）は，確率判断や意思決定において，時間をかけて規則を厳密に適用する**アルゴリズム**ではなく，必ず正解になるとは限らないが，簡便で，経験的な知識をもとにもっともらしい解を導く**ヒューリスティクス**が用いられやすいとしている（第9章も参照）。

ヒューリスティクス・アルゴリズムの区分のように，人の心のはたらきを素早く直感的な過程と，時間を要する熟慮的な過程とに分ける考え方を**二重過程理論**とよぶ。二重過程理論は思考や意思決定，道徳判断など，様々な領域で用いられてきた（第9章2節も参照）。二重過程理論の一つである**デフォルト介入モデル**（Evans, 2003）は，認知負荷が小さく素早い処理が可能だが規範から逸脱した回答を生じさせる**ヒューリスティック過程**と，認知負荷が高く時間はかかるが規範的回答を可能にする**アナリティック過程**からなるモデルである。ヒューリスティック過程では，問題に関連する情報が素早く抽出され，デフォルト反応が生じる。その後，時間がかかるアナリティック過程においてデフォルトの反応が検証され，デフォルト反応が不十分な場合は異なる回答が探索される。

①を例にすると，ヒューリスティック過程では，「ペンギンは飛べない」という素早くアクセスできる信念にもとづいたデフォルト反応が生じ，「ペンギンは飛べる」という結論を偽と判断する。一方，アナリティック過程では，デフォルト反応を抑制し，「すべての*A* は*B* である」といった抽象的な論理構造にもとづいた判断が行われる。アナリティック過程は認知資源を必要とするため，認知資源が足りない場合，アナリティック過程で十分な処理ができず，デフォルト反応にもとづいた回答がなされる。二重過程理論は，推論におけるバイアスや個人差の説明に有効であるが，それぞれの過程でどのような処理が行われているかは研究者間で議論が分かれており，近年では，ヒューリスティック過程でも規範的反応が生じるという論理的直観モデルが主張されている（De Neys, 2018）。

2　演繹推論

2-1　演繹推論とは

演繹推論は前提から論理に従って結論を導く推論であり，形式によって妥当性が決定される。ピアジェは認知発達論において，形式的操作期となる青年期以降では，論理規則に従った抽象的で形式的な思考が可能になると主張した（Inhelder & Piaget, 1958）。しかし，思考心理学者のウェイソン（Wason, 1966）は，様々な推論課題を用いた研究を通して，成人であっても課題によっては高い頻度で非論理的反応をすることを示し，人にとって形式的で抽象的な思考が困難であることを明らかにした。

2-2　三段論法

三段論法は，「*（大前提）すべてのA はB である*」，「*（小前提）C はA である*」，「*（結論）よってC はB である*」，というように二つの前提から一つの結論を導く演繹推論である。三段論法では，*A*，*B*，*C* の内容にかかわらず推論の形式によって妥当性が決定されるが，人は形式ではなく，結論の内容が信じられ

表8-1　三段論法における信念バイアス課題の例

	信念と一致する結論	信念と一致しない結論	推論の形式
妥当	① どの警察犬も凶暴ではない 何匹かの訓練された犬は凶暴である したがって，何匹かの訓練された犬は警察犬ではない	② どの訓練された犬も凶暴ではない 何匹かの警察犬は凶暴である したがって，何匹かの警察犬は訓練されていない	*No A are B* *Some C are B* *Some C are not A*
非妥当	③ すべてのアスリートは健康的である 何人かの健康的な人は裕福である したがって，何人かのアスリートは裕福である	④ すべての男性は健康的である 何人かの健康的な人は女性である したがって，何人かの男性は女性である	*All A are B* *Some B are C* *Some A are C*

（出所）Evans, Barston, & Pollard（1983）より筆者作成

るかをもとに妥当性判断をしやすい傾向が示されている。

エヴァンスらは，結論が信じられるかどうかが三段論法の妥当性判断に影響するという，**信念バイアス**とよばれる現象を明らかにした（Evans, Barston, & Pollard, 1983)。表8-1は信念バイアス課題の例である。論理的には，①と②はどちらも妥当な推論であり，③と④は非妥当な推論である。内容について，①と③の結論「*何匹かの訓練された犬は警察犬ではない*」,「*何人かのアスリートは裕福である*」は信念と一致する内容だが，②と④の結論「*何匹かの警察犬は訓練されていない*」,「*何人かの男性は女性である*」は信念と一致しない内容である。この課題では，結論が信念と一致する①と③が妥当，結論が信念と一致しない②と④が非妥当と判断されやすい。

二重過程理論によれば，信念バイアスは，信じられる結論は受け入れ，信じられない結論は却下するというヒューリスティック過程の反応によって生じる。論理的規則に従う判断をするためには，アナリティック過程で信念と論理の矛盾に気がつき，反応を上書きする必要がある。

表 8-2　条件文の真理値表

p	*q*	条件文 もし *p* ならば *q*
p	*q*	真
p	*not-q*	偽
not-p	*q*	真
not-p	*not-q*	真

2-3　条件推論

条件推論とは，条件文「*もし p ならば q である*」を用いた演繹推論である。条件文が真または偽となるのは，どのような場合か考えてみよう。「*もし雨なら試合は中止になる*」という条件文は，「*雨で試合中止*」の場合は真，「*雨で試合中止ではない*」場合は偽と言える。それでは「*雨ではなく試合中止*」の場合や「*雨ではなく試合中止ではない*」場合，条件文は真だろうか偽だろうか。

表 8-2 は**真理値表**とよばれる表であり，命題の構成要素が真または偽の場合の命題の真偽を表している。条件文「*もし p ならば q である*」は，「*p & q*」の場合に真，「*p & not-q*」の場合に偽となる。先ほどの例で「*雨ではない*」場合に相当する「*not-p & q*」と「*not-p & not-q*」の場合，論理的には条件文は真である。しかし，多くの人が「*not-p*」事例の場合，条件文は偽だと判断しやすい。

演繹推論の規範的アプローチの一つである**メンタルモデル説**（Johnson-Laird, 2004）は，条件文の真偽判断が困難な理由を，推論に必要なメンタルモデルの数から説明している。メンタルモデルとは心理的な表象であり，単語や文の意味を心の中で表現するために用いられる。推論において，前提で明示されている事例のメンタルモデルの構築は容易だが，明示されていない事例のモデルの構築には認知負荷がかかる。条件推論では，前提となる「*もし p ならば q である*」が与えられると，条件文で明示された *p* も *q* も真である場合［*p q*］のモデルが最初に構築される。「*p & q*」は最初のモデルと一致するため，容易に真だと推論できる。一方，「*not-p*」の場合は条件文で明示されていないため，条件文の下では［*not-p q*］や［*not-p not-q*］の可能性もあるというモデルを構築しなければならない。このように，メンタルモデルを複数構築する必要があるため，「*not-p*」事例を真と判断することは困難だといえる。

片面にはアルファベット，もう片方の面には数字が書かれたカードが4枚ある。これらのカードについて「*もしカードの片面にDが書かれているなら，そのカードのもう片方の面には3が書かれている*」という文が正しい（真）かを調べたい。このとき，どのカードを裏返して調べる必要があるか。

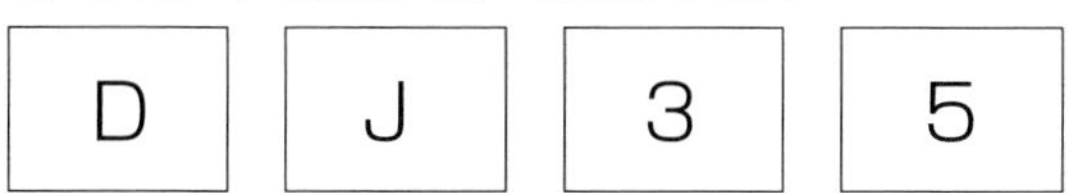

図8-1　抽象的規則の4枚カード問題

2-4　4枚カード課題

条件推論課題の一つである**4枚カード問題**を解いてみよう（図8-1）。

正解は，「D」と「5」のカードの選択だが，正答率は成人でも10％未満であり，多くの参加者が「D」と「3」のカードを選んでしまう（Wason, 1966；Wason & Johnson-Laird, 1972）。4枚カード問題は，条件文「*もしpならばqである*」の真偽を検証する課題であり，カードはそれぞれ「*p*（D）」，「*not-p*（J）」，「*q*（3）」，「*not-q*（5）」事例と対応している。真偽を明らかにするには，条件文が偽となる**反証例**を検討する必要がある。表8-2より，条件文が偽となるのは「*p* & *not-q*」の場合であり，「*p*（D）」カードの裏に「*not-q*（3以外の数字)」，「*not-q*（5)」カードの裏に「*p*（D)」が書かれていると，条件文は偽であることが明らかになる。一方，「*q*（3)」カードの裏面が「*p*（D)」でも「*not-p*（D以外のアルファベット)」でも条件文は真のため，このカードを裏返す必要はない。4枚カード問題の正答率の低さは，成人であっても，抽象的な論理構造を理解し，規則の反証を行うことが困難なことを示している。

4枚カード問題において，課題の内容を具体的にすると，正解が増えるという**内容効果**が示されている（Griggs & Cox, 1982）。図8-2の飲酒規則を用いた課題を解いてみよう。抽象的規則の4枚カード問題と同様，飲酒規則を用いた課題でも条件文の反証例「*p* & *not-q*（ビールを飲んでいる17歳)」の選択が正解である。飲酒規則を用いた場合，70％以上の参加者が正解のカードを選択した。

コスミデスとトゥービー（Cosmides, 1989；Cosmides & Tooby, 1992）は，進化心理学の立場から，人類が進化の過程で獲得した能力によって内容効果を説

あなたは警察官で，未成年の飲酒を取り締まっている。カードの一方の面には客の飲み物，もう一方の面には年齢が書かれている。「*もしある人がビールを飲んでいるなら，その人は20歳以上でなければならない*」という規則が守られているか調べるためには，どのカードを裏返す必要があるか。

ビール	コーラ	20歳	17歳

図 8-2　飲酒規則を用いた 4 枚カード問題

明している。彼女たちの**社会契約理論**によれば，人は「利益を得たなら，お返しに対価を払う」という互恵的社会を築いており，利益を得ているのに対価を払っていない裏切り者が増えると社会が維持できない。そのため，互恵的社会では，裏切り者を検知する能力が適応的に進化した。4 枚カード問題が利益―対価構造をもつ場合，裏切り者検知の能力がはたらき，利益を得ている（例：お酒を飲む）のに対価を払っていない（例：20歳以上ではない）裏切り者を選択しやすくなる。抽象的な 4 枚カード問題が難しいのは，論理規則は人類にとって最近の文化的発明であり，進化の過程で獲得した裏切り者検知の能力などが利用できないためだと考えられている。

3　帰納推論

3-1　帰納推論とは

帰納推論は，個別の事例を一般化し，可能性が高く確からしい結論を導く推論である。帰納推論の結論は論理的に確実とは言えないが，帰納によってカテゴリに関する知識を得ることや，因果関係についての仮説を生成することが可能になる。また，仮説が正しいかを事例をもとに検証することも，帰納の重要なはたらきである。

3-2　カテゴリ帰納

カテゴリ帰納とは，前提となるカテゴリに当てはまる特性が，他のカテゴリにも当てはまるかを推論することである。カテゴリ帰納のうち，前提事例の特徴を上位カテゴリに適用することを**一般帰納**（例：*ニワトリは卵を生む，よって，鳥は卵を生む*），前提事例の特徴を同じレベルのカテゴリに適用することを**特殊帰納**（例：*ニワトリは卵を生む，よって，カラスは卵を生む*）とよぶ。

リップス（Rips, 1975）は，カテゴリ帰納の主観的な確からしさである論証強度が，カテゴリ間の**類似度**とカテゴリの**典型度**に影響されることを示した。ここで，次のカテゴリ帰納①と②のどちらがより確からしいかを考えてみよう。

①*スズメは病気Xになる。よって，コマドリは病気Xになる。*

②*アヒルは病気Xになる。よって，スズメは病気Xになる。*

①は②より確からしいと判断する人が多いだろう。スズメとコマドリのように，カテゴリ間の類似性が高いと論証強度は強くなる。また，「鳥類」の例として，スズメはアヒルよりも思いつきやすく典型性が高いため，前提がスズメの場合の方がアヒルの場合よりも，その特性がカテゴリの成員に当てはまりやすいと判断される。

オシャーソンら（Osherson, Smith, Wilkie, Lopez, & Shafir, 1990）は，リップスの研究を拡張した**類似被覆度理論**を提唱し，類似度と被覆度によってカテゴリ帰納を説明した。被覆度とは，前提と結論の両者が属するカテゴリのうちもっとも小さなカテゴリの全事例と，前提との類似度によって決定される。例として次の複数前提からのカテゴリ帰納の論証強度を考えてみよう。

③*スズメは病気Xになる。コマドリは病気Xになる。よって，カラスは病気Xになる。*

④*スズメは病気Xになる。アヒルは病気Xになる。よって，カラスは病気Xになる。*

③よりも④が確からしいと感じるだろう。スズメ，コマドリ，カラス，アヒルが共通して属する最小のカテゴリは鳥類カテゴリである。スズメとコマドリの組み合わせより，スズメとアヒルの組み合わせの方が，鳥類カテゴリ全体に

対する被覆度は高くなるため，④の論証強度はより強く評価される。このように，前提が多様であるほど帰納の結論に対する確信度が強まる現象を**前提多様性効果**とよぶ。ただし，「*スズメは病気Xになる。ウサギは病気Xになる。よって，カラスは病気Xになる。*」というように，別のカテゴリの前提を加えた場合，鳥類カテゴリの境界を超え，脊椎動物カテゴリを考えることになり，被覆度が低下するため論証強度が低くなる。

3-3　因果帰納

因果帰納とは，事象間に因果関係があるかを推論することである。人は，二つの事象が空間的または時間的に近接して生じる傾向があると，事象の間に因果関係があると推論しやすい。原因（Cause）と考えられる事象Cと，結果（Effect）と考えられる事象Eの間には，表 8-3 の分割表に示す四つの共変関係が存在する。

二つの事象の共変関係をもとに，因果関係の強さを表す指標に**Δp（デルタピー）規則**がある（Jenkins & Ward, 1965）。Δp 規則は「原因Cが生じた場合の結果Eの生起確率 $prob(E|C)$」と「原因Cが生じない場合の結果Eの生起確率 $prob(E|not\text{-}C)$」の差 $\Delta p = prob(E|C) - prob(E|not\text{-}C)$ によって求められる。たとえば，「*雨が降るとバスが混雑する*」という関係について，「雨が降ったとき（C）」に「バスが混雑する（E）」確率が高く，「雨が降らないとき（$not\text{-}C$）」に「バスが混雑する（E）」確率が低い場合，Δp が大きくなり，両者の因果関係が強いと推論される。

3-4　仮説検証

事例をもとに仮説が正しいか推論することを**仮説検証**とよぶ。哲学者のポパ

表 8-3　原因と結果の共変関係の分割表

	結果あり（E）	結果なし（$not\text{-}E$）
原因あり（C）	a	b
原因なし（$not\text{-}C$）	c	d

ー（Popper, 1959 大内・森訳 1971-1972）は，科学的な仮説には反証可能性が必要であり，反証的な結果が得られやすい検証を行うことが重要であると主張している。しかし，人にとって反証は容易ではないことを，ウェイソン（Wason, 1960, 1966）は前述の４枚カード問題や次に述べる2-4-6課題を用いて明らかにした。以下の2-4-6課題を考えてみてほしい。

> 「2-4-6」の三組数列は，ある規則に従って並んでいる。あなたの課題は，この規則が何かを発見することである。規則を発見するために，あなたが生成する三組数列に対して，実験者は規則に従っているか（yes），従っていないか（no）で答える。規則が見つかったと思ったら，あなたはそれを報告する。あなたの報告が不正解なら，別の規則を思いつくまで，三組数列の生成を継続する。

2-4-6課題の規則について，どのような仮説を立て，どのような三組数列で仮説を検証するかを考えてみよう。規則が「２ずつ増える数」と考え，「8-10-12」や「3-5-7」といった数列を提示し仮説を検証する人も多いだろう。2-4-6課題の正解は「上昇系列」であり，「２ずつ増える数」という仮説は間違っている。しかし，2-4-6課題では，多くの人が自分の仮説（例：２ずつ増える数）を支持する確証事例（例：8-10-12，3-5-7）ばかりを検証し，仮説を支持しない反証事例（例：1-2-3，5-3-1）を検証しにくかった。ウェイソンは，人が自分の考えを支持する証拠ばかりを集める傾向を**確証バイアス**と名付けた。

4　確率推論

4-1　確率判断のバイアス

現実世界は不確実であり，「降水確率60％」や「90％の確率で病気が見つかる検査」といった確率情報をもとに推論することも多い。私たちは**確率推論**において，規則にもとづく数学的に正しい解を導くことができるだろうか。以下に示すタクシー問題を解いてみよう。

あるタクシーが夜中にひき逃げ事故を起こした。町のタクシーのうち，85％は緑タクシー，残りが青タクシーである。ある目撃者は事故を起こした車は青タクシーだと証言した。この目撃者は80％の確率で２色を正しく識別することができる。事故を起こしたタクシーが，青タクシーである確率は何％だろうか。

タクシー問題では，多くの人が「80％程度」という誤った回答をすることが示されている。この問題では，目撃者が青と証言したときに，本当に青タクシーである確率を求める必要がある。町のタクシーの85％が緑タクシー，残りの15％が青タクシーであり，また，目撃者の証言は80％の確率で正しく，20％の確率で誤っている。目撃者が青タクシーを見て青と回答する確率は$0.15 \times 0.80 = 0.12$，緑タクシーを見て青と回答する確率は$0.85 \times 0.20 = 0.17$である。よって，目撃者が青と証言したとき，本当に青である確率は41％（$\frac{0.12}{0.12 + 0.17} = 0.41$），青ではない確率は59％（$1 - 0.41 = 0.59$）となり，事故を起こしたタクシーが青タクシーである確率より緑タクシーである確率の方が高い。

トヴァスキーとカーネマン（Tversky & Kahneman, 1982）は，タクシー問題が困難な理由を複数指摘している。一つは**基準率の無視**であり，青タクシーと緑タクシーの比率という，基準となる確率を無視してしまう傾向である。また，「80％」と答えやすいのは，**利用可能性ヒューリスティック**とよばれる，思いつきやすいアイデアを答えてしまう傾向を反映しており，問題文中で示された確率を利用したためだとされる。

私たちが実生活で馴染みが深いのは，％のように要約された確率情報ではなく，「青が５台，緑が10台」といった**自然頻度**である。ギガレンツァーとホフレージ（Gigerenzer & Hoffrage, 1995）は進化論的観点から，最近の文化的発明である確率や％ではなく，人が進化の過程で利用してきた自然頻度の形式で情報を提示すると確率推論が容易になると主張している。図８-３は，自然頻度形式でタクシー問題を示したものであり，青と証言したときに実際に青タクシー

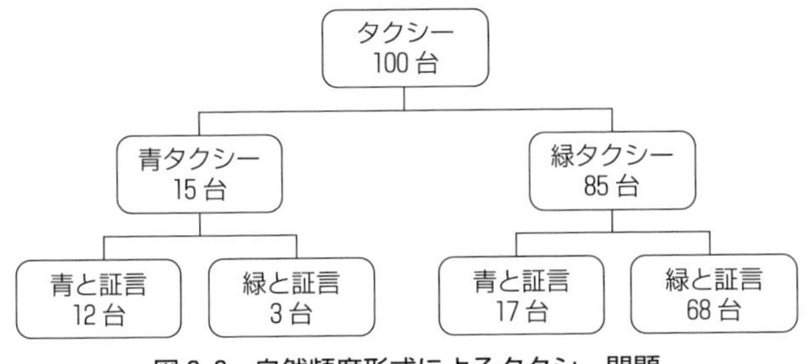

図8-3　自然頻度形式によるタクシー問題

である確率$\frac{12}{12+17}=0.41$が容易に読み取れる。自然頻度はパーセント形式よりも確率問題の理解が容易であることから，自然頻度による確率の扱い方を，医師や裁判官，小学生の教育システムに組み込むはたらきかけもなされている。

4-2　推論の確率的アプローチ

論理的には命題は真か偽のどちらかであるが，現実世界では確実に真と言えることはほとんどない。不確実な事象についての推論を扱うために，論理的推論に**主観確率**の概念を取り入れたのが推論の確率的アプローチである。主観確率とは，ある事象が生じるかについて個人のもつ信念の度合いであり，信念強度ともよばれる。このアプローチでは，人の「論理的」推論は，実際には主観確率をもとに命題の真偽を判断し，主観確率を更新するために情報を利用する過程だとされる（Evans & Over, 2004；Oaksford & Chater, 2007）。

確率的アプローチによる条件推論の説明では，条件文「*もしpならばq*」の主観確率は，「*pの場合のq*」の条件付き確率$prob\ (q|p)=\frac{prob\ (p\ \&\ q)}{prob\ (p)}$だとされる（Evans & Over, 2004）。たとえば，「*もし雨になれば，道路が渋滞する*」という条件文の真偽は，推論者のもつ「*雨のときに渋滞*」がどのくらい起こりそうかの主観確率をもとに判断される。「*雨のときに渋滞*」が起こるという主観確率が高いと文は真である可能性が高いと判断され，主観確率が低いと偽である可能性が高いと判断される。主観確率によって，論理的推論における

内容効果やバイアスが説明できることが示されている。

確率的アプローチと，命題論理にもとづくメンタルモデル説を統合したモデルも提唱されている（Klauer, Beller, & Hütter, 2010）。このモデルでは，確率にもとづいた情報は直観的過程で処理され，論理規則は熟慮的な過程で用いられるとしている。人の推論過程の統合的な理解のためには，二重過程理論の各過程においてどのような情報が用いられ，どういった処理が行われるかを明らかにすることが重要だろう。

❖考えてみよう

症状から病名を推測する際や，症状の原因を推測する際に，どのような推論のエラーが生じると考えられるだろう。また，そうしたエラーを防ぐには，どうすればよいかを考えてみよう。

もっと深く，広く学びたい人への文献紹介

市川 伸一（1997）．考えることの科学――推論の認知心理学への招待――　中央公論社

☞論理的推論，確率推論に知識・感情・他者が及ぼす影響について，平易な言葉で，わかりやすく解説されている。

マンクテロウ，K.　服部 雅史・山 祐嗣（監訳）（2015）．思考と推論――理性・判断・意思決定の心理学――　北大路書房

☞思考心理学の古典的研究から最新の研究まで，豊富な研究例を示し解説している。思考心理学について深く知る助けになる一冊である。

引用文献

Braine, M. D., & O'Brien, D. P. (1991). A theory of if: A lexical entry, reasoning program, and pragmatic principles. *Psychological Review, 98*, 182–203.

Cosmides, L. (1989). The logic of social exchange: Has natural selection shaped how humans reason? Studies with the Wason selection task. *Cognition, 31*, 187–276.

Cosmides, L., & Tooby, J. (1992). Cognitive adaptations for social exchange. In J. H. Barkow, L. Cosmides & J. Tooby (Eds.), *The adapted mind: Evolutionary psychology and the generation of culture* (pp. 163–228). New York: Oxford University Press.

De Neys, W. (2018). Bias, conflict, and fast logic: Towards a hybrid dual process future? In W. De Neys (Ed.), *Dual process theory 2.0* (pp. 55-73). London: Routledge.

Evans, J. St. B. T. (2003). In two minds: Dual-process accounts of reasoning. *Trends in Cognitive Sciences, 7*, 454-459.

Evans, J. St. B. T., Barston, J. L., & Pollard, P. (1983). On the conflict between logic and belief in syllogistic reasoning. *Memory & Cognition, 11*, 295-306.

Evans, J. St. B. T., & Over, D. E. (2004). *Oxford cognitive science series. If.* New York: Oxford University Press.

Gigerenzer, G., & Hoffrage, U. (1995). How to improve Bayesian reasoning without instruction: Frequency formats. *Psychological Review, 102*, 684-704.

Griggs, R. A., & Cox, J. R. (1982). The elusive thematic-materials effect in Wason's selection task. *British Journal of Psychology, 73*, 407-420.

Guilford, J. P. (1967). *The nature of human intelligence.* New York: McGraw-Hill.

Inhelder, B., & Piaget, J. (1958). *The growth of logical thinking from childhood to adolescence: An essay on the construction of formal operational structures.* (A. Parsons & S. Milgram, Trans.). New York: Basic Books. (Original work published 1955)

Jenkins, H. M., & Ward, W. C. (1965). Judgment of contingency between responses and outcomes. *Psychological Monographs: General and Applied, 79*, 1-17.

Johnson-Laird, P. N. (2004). The history of mental models. In K. Manktelow & M. C. Chung (Eds.), *Psychology of reasoning* (pp. 189-222). Hove, U. K.: Psychology Press.

Klauer, K. C., Beller, S., & Hütter, M. (2010). Conditional reasoning in context: A dual-source model of probabilistic inference. *Journal of Experimental Psychology: Learning, Memory, and Cognition, 36*, 298-323.

Oaksford, M., & Chater, N. (2007). *Bayesian rationality the probabilistic approach to human reasoning.* Oxford: Oxford University Press.

Osherson, D. N., Smith, E. E., Wilkie, O., Lopez, A., & Shafir, E. (1990). Category-based induction. *Psychological Review, 97*, 185.

Popper, K. R. (1959). *The logic of scientific discovery.* London: Hutchson.
(ポパー，K. R.　大内 義一・森 博（訳）(1971-1972). 科学的発見の論理（上下巻）　恒星社厚生閣)

Rips, L. J. (1975). Inductive judgments about natural categories. *Journal of Verbal Learning and Verbal Behavior, 14*, 665-681.

Tversky, A., & Kahneman, D. (1973). Availability: A heuristic for judging frequency and probability. *Cognitive Psychology, 5,* 207–232.

Tversky, A., & Kahneman, D. (1982). Evidential impact of base rates. In D. Kahneman, P. Slovic & A. Tversky (Eds.), *Judgment under uncertainty: Heuristics and biases* (pp. 153–160). Cambridge, MA: Cambridge University Press.

Wason, P. C. (1960). On the failure to eliminate hypotheses in a conceptual task. *Quarterly Journal of Experimental Psychology, 12,* 129–140.

Wason, P. C. (1966). Reasoning. In B. Foss (Ed.), *New horizons in psychology.* Harmondsworth, England: Penguin Books.

Wason, P. C., & Johnson-Laird, P. N. (1972). *Psychology of reasoning: Structure and content.* London: Batsford.

第9章　問題解決と意思決定
――わかる，決める心のしくみ

眞嶋良全

第８章で解説された様々な情報を元にした推論は，クライエントの訴えから不調の原因を探るような場面にも活かされる。しかし，現実においてはたんに不調の原因を特定するだけでなく，見立てにもとづいてクライエントの抱える問題を解決するための働きかけが必要となる。さらに，解決法が複数あるときにどの方法を用いるべきかは，セラピストやクライエント自身が決める必要がある。この章では，問題の解決や判断，意思決定の心理について解説する。

1　問題解決

1-1　問題とは

問題とはなんだろうか。多くの人は，問題と聞いたときに，パズルやクイズ，はたまたテスト問題といったものを思い浮かべるのではないだろうか。それらはたしかに問題の一種ではある。しかし，心理学では問題をより幅広く，目標とする状態と現在の状態の間に存在する乖離（ズレ）を一足飛びに解消することができない状態として考える。その意味では，楽しい人生を送りたいのに何に対しても楽しさを感じることができない，という状態も問題である。このような現状と目標状態の乖離を埋め，目標状態に近づくための道筋を発見することは**問題解決**，解決に必要な方法は問題解決方略と呼ばれる。

問題は大まかに，解が一意に定まり，目標状態に至る道筋を明確に定義でき

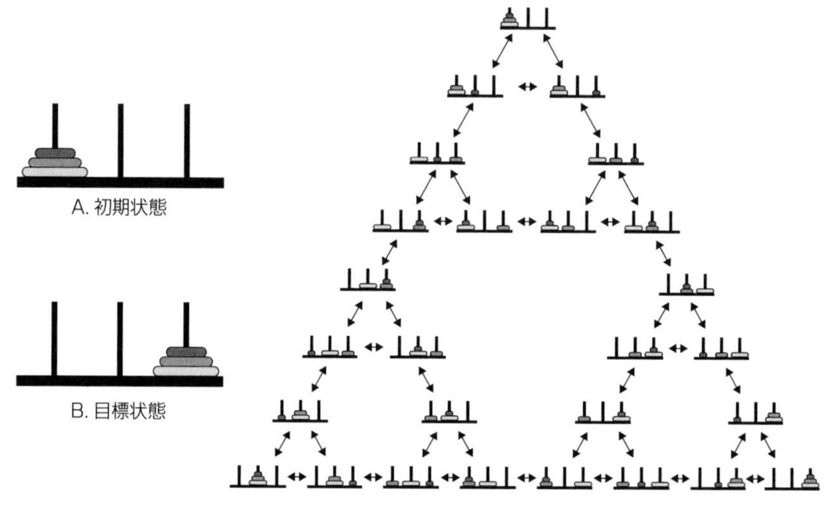

図 9-1　ハノイの塔パズル

る良定義問題と，解およびそこに至る道筋が一意に定まらない不良定義問題に分けられる。三角形の面積を求める数学の問題は典型的な良定義問題だが，楽しい人生を送るにはどうするべきかという問題は明らかに不良定義問題である。そもそも楽しい人生とは何かが一意に定まらず，仮に何か目標を設定しても，達成の方法は限りなく存在するからである。まずは，話を簡単にするために，良定義問題である**ハノイの塔**を例に，問題解決の用語について整理しよう。

ハノイの塔にもいくつかのタイプがあるが，ここではもっともシンプルな 3 円盤バージョンを考えてみよう（図 9-1）。ハノイの塔は，左側の杭にある 3 枚の円盤を，一度に一枚ずつ，またより大きな円盤を上に重ねないようにしながら，同じ順序で右側の杭に移動するという課題である。この問題での円盤の移動系列は図 9-1 の C に示される。これは，問題で起こりうる事態全てを列挙したものであり，**問題空間**と呼ばれる。また，この問題空間で最上部にあるのが初期状態，一番右下にあるのが解決，すなわち目標状態である。ハノイの塔では，問題を解決するための手順を定式化することが可能であり，この定式化された解決手順のことを**アルゴリズム**という。ハノイの塔パズル以外でも，数学の公式やコンピュータのプログラミングはアルゴリズムであると言える。

しかしながら，全ての問題でアルゴリズムを利用できるわけではない。問題空間が大きすぎるために，操作手順を全て探索し尽くして解決に至るという方法が時間や認知資源の制約のために使えなかったり，さらには問題空間自体を明確に定義できない問題では，そもそも計算によってアルゴリズムを見つけることは不可能である。その場合に人は，探索量を減少させる方法や，経験則にもとづいた方法などを用いて効率的に解決しようとする。これらの方法は総称して**ヒューリスティクス**と呼ばれる。アルゴリズムがつねに正しい答えを導くのに対して，ヒューリスティクスはおおむね正しい答えを効率的に導くものの，いつも正解に達するとは限らない（第8章も参照）。

1-2　洞察と創造的問題解決

アルゴリズムでは解けない問題の代表として**創造的問題解決**がある。古代ギリシャのアルキメデスは，浴槽に入って水位が上昇した分の体積が湯の中に入った体の体積に等しいことを見つけ「エウレカ！」と叫んだと言われている。このように，創造的解決における**洞察**は，しばしば「ひらめいた！」という感覚（アハ体験）を伴い，答えが突然，天から降ってくるように感じられる。しかし実際の洞察では，何もないところに突然答えが舞い降りるのではない。

洞察は，時間や労力をかけても問題が解けないという解決の失敗（インパス，impasse）を経験した後で，一度問題とは別の活動に従事することで，その別行動の期間（**あたため期**）中に意識下で**問題表象**の変換が生じ，主観的な体験としては解が突然舞い降りたようなひらめきを感じるとされている。そして，ひらめきの結果が実際に問題解決の役に立つかどうかの検証が行われる。

1-3　類　推

アルゴリズムによって解けない問題では，類似した問題の解決経験を元に，新たな問題の解決が行われることがある。これは，すでに知っている問題の解決方法を新しい問題に当てはめて解く**類推**の働きによる。類推では，既知の問

≪腫瘍問題≫
胃に悪性腫瘍のある患者がいる。患者の体力がなく手術はできないので，放射線治療をしなければならない。強い放射線を患部にあてれば腫瘍を破壊できるが，腫瘍は体の奥にあり健康な組織も破壊されてしまう。どうすれば，腫瘍だけをうまく破壊できるだろうか？

≪要塞問題≫
ある国の中央に独裁者の立てこもる要塞があり，そこには多くの道が通じている。反乱軍の将軍が要塞を攻略しようとしている。要塞は堅固なので大軍で攻めなければならないが，途中の道に地雷があって，大軍で通ろうとすると爆発してしまう。どうすれば要塞を攻略できるか？

図 9-2　腫瘍問題と要塞問題

題（ベース）と，新しい問題（ターゲット）の類似性が計算され，類似関係にあると判断されたときに，ベース領域の知識や解決法がターゲット領域にマッピング（写像）され，両者の対応関係にもとづいてターゲット問題の解が生成される（**構造写像理論**）（Gentner, 1983）。しかし，類推が正しく機能するためには，問題間の類似性のうち，対象や属性レベルの表面的な類似性（**表層構造**）ではなく，要素間の関係などの構造の類似性（**深層構造**）に気づけるかどうかが重要である。たとえば，図 9-2 の左側は，ドゥンカーの腫瘍問題（Duncker, 1945）という，現実の放射線治療をある程度反映した問題であるが，この問題をいきなり解くのは難しい。しかし，ジックとホリオーク（Gick & Holyoak, 1980）は，先に右側の要塞問題を解かせ，要塞問題がヒントになることを参加者に伝えた。その結果，とくに最後に「将軍は軍隊をいくつかに分け，複数の道から要塞を攻撃させることで要塞を占領した」という結末を教えられると，腫瘍問題の解決が促進されることを見いだした。これは，分散→集中という，要塞問題の深層構造への気づきにより，類推的解決が促進されたためであると考えられる。

1-4　問題解決を妨げるもの

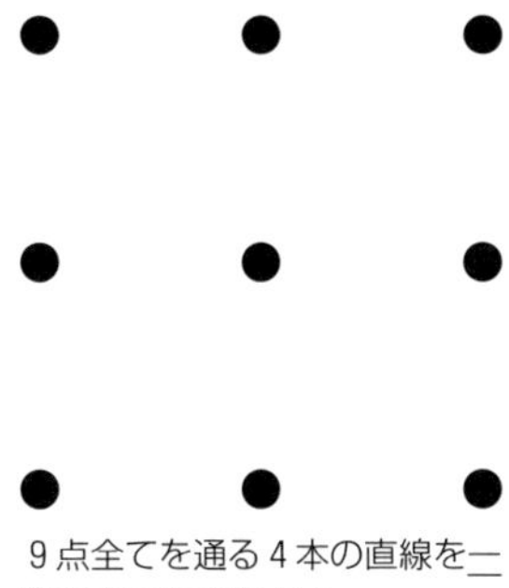

9点全てを通る4本の直線を一筆書きで書きなさい。

図9-3　9点問題

ヒューリスティクスは効率的に正解に到達することを可能にするが，つねにうまくいくとは限らず，逆にしばしば解決を妨げることがある。たとえば，9点問題（図9-3）について考えてみよう。この問題は一見簡単そうに見えて，実際には多くの人が間違える。この問題の難しさは，9点がつくる四角形の内側に直線を収めなければならないとの思い込み（Scheerer, 1963）や，線の開始・終了が点上になければならないとの思い込み（Lung & Dominowski, 1985）が影響していると説明されている。いずれの場合も，思いつきやすい方法で解こうとするヒューリスティクスが失敗を招いていると言える（正解は章末に示す）。

過去の経験が形作る思い込みが解決を阻害する例として，他にもドゥンカーのロウソク問題（Duncker, 1945）がある。この問題では，机の上にロウソク，箱に入った画鋲，箱に入ったマッチがおかれ，火の付いたロウソクを壁に固定するように言われる。多くの参加者は，ロウソクを直接画鋲で固定しようとしたり，溶けたロウでロウソクと画鋲を接着して壁に刺そうとしたりした。この問題の正解は，画鋲の箱をロウソクの台にして，箱を画鋲で壁に固定するというものであるが，それを思いついた参加者は少なく，箱が本来もつ「入れもの」としての機能から離れることができなかったためであると考えられている。このように物の機能にとらわれすぎるあまり解決が阻害されることは，**機能的固着**と呼ばれる。他にも，同じ方法で解ける問題を繰り返すと，もっと簡単でよい方法で解ける問題でも過去に使った方法を使い続けるという**構え効果**（または**アインシュテルング効果**）なども，思い込みが課題解決を邪魔する例である。

2　判断と意思決定

意思決定とは何かを決めることである。たとえば，どのような職業に就くかを考え，選択肢を一つに絞って心を決めるのは人生において重要な意思決定である。選ぶという行為は**選択**と呼ばれるが，ここでは選択と意思決定をとくに区別しない。決定の前に行われる選択肢や自己を含めた状況の評価は**判断**と呼ばれる。意思決定や判断の研究は心理学の専売特許ではなく，経済学でも人の合理的な意思決定の研究がされており，近年では心理学や社会学，神経科学，進化生物学の知見を取り込んだ**行動経済学**という領域に注目が集まっている。たとえば，2002年に心理学者のカーネマン（Kahneman, D.）がヒューリスティクスとバイアスの研究で，2017年には行動経済学者のセイラー（Thaler, R. H.）と法学者のサンスティーン（Sunstein, C. R.）がナッジ理論で，それぞれノーベル経済学賞を受賞しており，いずれも行動経済学領域での受賞となっている。

2-1　期待効用理論とプロスペクト理論

推論において論理学が，確率判断において確率論が規範的な解を示すのと同様に，意思決定にも**期待効用理論**という規範理論がある。この理論における重要な概念は**効用**と**確率**である。効用とは物や事象の価値を表す数値であり，確率は事象がどの程度の頻度で生じるかを示した数値である。事象の効用と確率をかけた値の合計は**期待効用**と呼ばれ，ある選択肢で生じうる事象群（結果）の期待効用は，選択によって得られる平均的な利益を表している。期待効用理論では，この期待効用を最大化することが合理的な決定であると考える。

しかしながら，論理学や確率論が推論・判断のありようを説明する記述理論としては適さないのと同じく，期待効用理論の予測も人の意思決定とは一致しない。その理由の一つとして，人の効用評価が客観的な価値の増減と直線的な対応関係にはないことが挙げられる。とくに**損失**が生じる場合と**利益**が得られる場合とでは，客観的に同じ価値に対する主観的な価値評価は非対称であり，一般に損失の主観効用は利得よりも大きいことが知られている（Kahneman & Tversky, 1984)。つまり，１万円の損失は１万円の収入によって埋め合わせることはできないのである。

損失をより大きく感じるという効用の非対称性は，**損失回避**を志向した行動

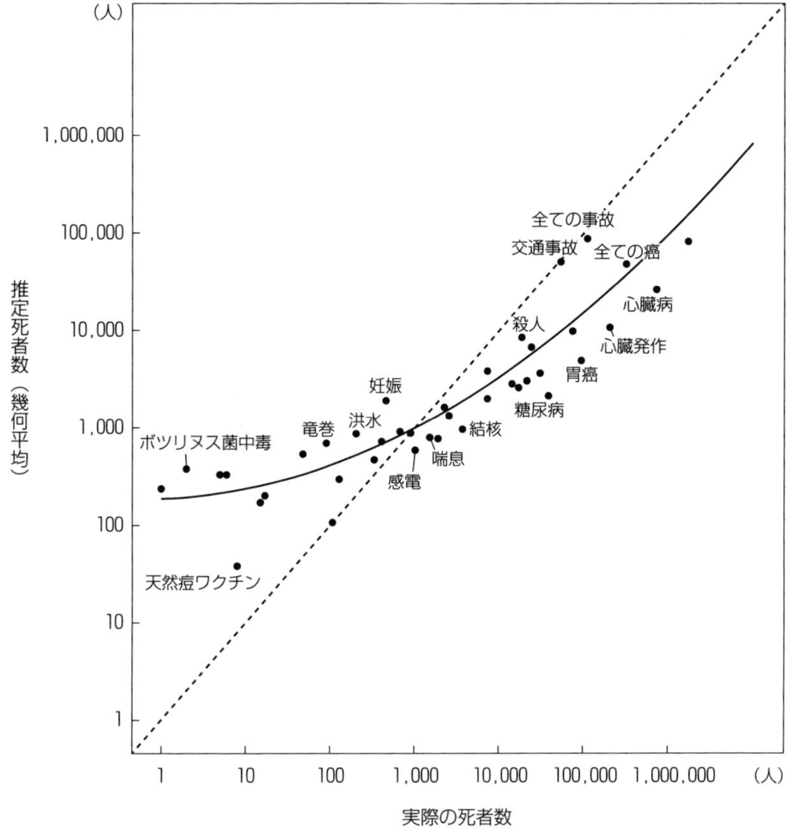

図 9-4　死者数推定の歪み

（注）曲線はアメリカの大学生による推定値の近似曲線。対角線より上は過剰推定，下は過小推定を示す。

（出所）Lichtenstein et al.（1978）を元に作成

を動機づける。たとえば，これをよく示しているのが**保有効果**である。保有効果とは，自己の所有物の価値を，客観的に同価値の非所有物に比べて高く評価するという現象である。カーネマン他（Kahneman, Knetsch, & Thaler, 1990）は，実験中にプレゼントされたマグカップをいくらだったら売ってもよいかを参加者に尋ねた。このとき，売り手の付けた売却最低額の中央値は7.12ドルであったが，同じカップをいくらなら買うかを尋ねられた買い手（カップをプレゼン

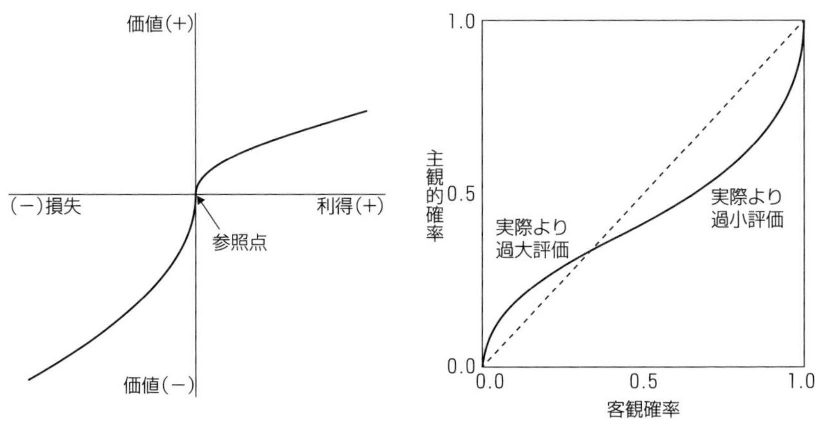

図 9-5　プロスペクト理論の効用関数（左）と確率加重関数（右）

トされない別の参加者）の購入最高額の中央値は2.87ドルであった。また，カップの金銭的価値のみを評価した統制条件では，カップと釣り合う金額の中央値は3.12ドルであった。したがって，マグカップの金銭的価値は売り手側でとくに高く，これは売り手がカップを一度自己の所有物としたために，手放すことによる損失を避けようとした結果であると考えられている。他にも，人にはしばしば，現状を維持するように行動を動機づけられる**現状維持バイアス**という傾向があり（Samuelson & Zeckhauser, 1988），損失を回避しようとするあまり保守的に行動するためだと考えられている。さらに，確率評価も客観的な確率の増減とは一対一では対応せず，図 9-4 に示すように，様々な死因の死亡者数の推定では客観的に死亡率の低い死因は過大に，中程度以上の死因は過小に評価されやすい（Lichtenstein, Slovic, Fischhoff, Layman, & Combs, 1978）。

このような，効用と確率の歪みを考慮に入れた意思決定の記述的理論が，カーネマンとトヴァスキー（Kahneman & Tversky, 1979）の提唱する**プロスペクト理論**である。この理論で重要なのは，効用を富の状態ではなく，富の変化として考える点である。たとえば，先に１万円をもらった後で，［50%の確率で１万円を失う］または［確実に５千円失う］という選択肢を示されると，多くの人はリスキーな前者を選ぶことがわかっているが，二つの選択肢の期待効用はともに「5千円の損失」であり，期待効用理論ではこの現象を説明できない。それに対し，プロスペクト理論では，総額ではなく，1万円をもらって資産が増えた状態をゼロ点（参照点）とし，その参照点からの増減で効用が評価されると考える。このとき，人の効用評価および確率判断は，図9-5のような傾向を示す。効用評価（図の左）の変動を表す**効用関数**は，参照点を境に利得側と損失側で異なった傾きの曲線を示し，損失側で大きく低減する。さらに，確率評価を示す**確率加重関数**では，客観的に低い確率は過大評価されやすく，高い確率は過小評価されやすいことがわかっている（図9-4も参照）。

2-2　限定合理性とヒューリスティクス，バイアス

人の意思決定が規範理論（**規範的合理性**）に従わない最大の理由は，規範解がしばしば膨大な計算を要するのに対し，人の認知資源は，その計算を瞬時に行えるほど潤沢ではないことにある。そこで，人は有限な認知容量という制約の下で，可能な限り満足のいく結果をもたらそうとする**満足化原理**に従うと考えるのが，サイモン（Simon, H. A.）の**限定合理性**である。必ずしも正解は保証されないが，より少ない労力で済むヒューリスティクスは，限定合理性の下で決定を最適化する方法である。

一方で，ヒューリスティクスは，ときに規範から逸脱した反応をもたらす原因となる。第8章で述べられた推論における**信念バイアス**や**確証バイアス**，確率判断における**基準率の無視**に加え，典型例との類似性にもとづいた判断を行う代表性ヒューリスティックの働きにより，二つ以上の事象が同時に起こる連言事象（たとえば，放火事件の犯人は世の中に不満をもつ中年男性である）の確率を，単元事象（たとえば，放火事件の犯人は中年男性である）の確率よりも高く見積もってしまう**連言錯誤**や，ルーレットで「続けて赤が出たから，次は黒が出る」といったように，小サンプルでのランダムな確率的事象の生起頻度が，「赤と黒が等確率で生じる」という大きなサンプルでの確率分布をそのまま反映するという思い込みから生じる**賭博者の錯誤**などが，ヒューリスティクスに由来する判断のバイアスとして知られている。

規範から逸脱した意思決定を生じる認知バイアスとしては，選択肢の望ましさ判断の順序と意思決定による選好順序が一致しない**選好逆転**や，選択肢が多くなればなるほど逆に決定しにくくなる**選択のパラドックス**，すでに回収不能な労力や資金を考慮することで非合理的な判断や決定をしてしまう**埋没費用効果**（コンコルド効果），ある行動によって利益と損失の双方が生じるが，行動を起こさないとさらに大きな損失を生じる状況では，かえってその行動が生じにくくなる**不作為バイアス**などを挙げることができる。

2-3　文脈と意思決定

人の意思決定は，選択肢の効用と確率だけではなく，状況という**文脈**の影響も受けやすい。図 9-6 はアジア病問題（Tversky & Kahneman, 1981）と呼ばれる問題だが，この問題の二つのバージョン（生存・死亡フレーム）では選択が逆転しやすい（**枠組み効果**）。この問題の選択肢は，客観的にはバージョン間で等しい（「確実な2/3の損害」vs.「2/3の確率での100%の損害または，1/3の確率での損害なし」）が，選択肢の表現が生存者，または死亡者のどちらに焦点を当てているかが異なっている。選択肢の期待値が等しいため，期待効用理論はフレーム間で選択率に差はないことを予想するが，実際には生存フレームでは確実な損害の選択（A）が多く，死亡フレームではリスキーな選択（B）が多くなる。

あなたは WHO の医療チームの責任者です。派遣されたアジアの奥地で，珍しい伝染病の拡大が危惧されています。ある村の人口は 600 人で，このまま放っておくと村人全員が死ぬ恐れがあります。以下の二つの対策のうちどちらか一つしか選べないとき，どちらを選ぶのがよいと思いますか？

≪生存フレーム≫	≪死亡フレーム≫
A. 200 人が助かる	A. 400 人が死ぬ
B. 1/3 の確率で 600 人が助かり，2/3 の確率で誰も助からない	B. 1/3 の確率で誰も死なず，2/3 の確率で 600 人が死亡する

図 9-6　アジア病問題と二つの表現形式（生存・死亡フレーム）

（出所）Tversky & Kahneman（1981）を元に改変

枠組み効果は，選択肢の表現という周辺的情報の違い（文脈）が，意思決定に影響することを示している。他にも，極端な選択肢があると中間のものが選択されやすい**妥協効果**，二つの選択肢Ａ・Ｂから選ぶ状況で，Ａより明らかに劣った第三の選択肢を追加するとＡが選択されやすくなるという**囮効果**（**魅力効果**）などが文脈の影響として知られている。これらのことから，人の意思決定は，選択肢の効用評価だけではなく，その状況での些末な周辺的情報や，後述するようなその場の気分・感情などの影響も強く受けることがわかる。

2-4　分析的思考と意思決定

第８章１節でも述べられているとおり，人の思考では，ワーキングメモリへの負荷が低く，高速な**ヒューリスティック過程**（タイプ１）と，ワーキングメモリへの負荷が高く，それゆえに低速な**アナリティック過程**（タイプ２）という２種類の過程が協調，または拮抗して働いている。タイプ２過程は認知資源を大きく消費するため，十分な資源の余裕がなければデフォルト反応のまま回答される。初期の直観的だがしばしば誤った判断が，タイプ２過程によって上書きされる過程を考える理論は，**デフォルト介入モデル**（default interventionist model）と呼ばれる（Evans, 2007)。近年では，このモデルに加え，分析的な回答は必ずしもタイプ２過程による上書きの結果ではなく，すでにタイプ１過程の中で生じており，タイプ２過程の役割を，複数の直観的な回答候補があるときに生じる葛藤の解消に求める論理的直観モデルも主張されている（De Neys, 2012)。

初期の直観解の上書きか，あるいは選択肢間で生じる葛藤の解決か，その実際のプロセスのありようはともかくとして，タイプ２過程の行われやすさには個人差がある。この個人差の指標として，しばしば**認知的内省性テスト**（Cognitive Reflection Test：CRT：Frederick, 2005）が使われる。CRT は，「バットとボールの値段は合計で1.10ドルであり，バットはボールより１ドル高い。ボールの値段はいくらか？」といったような問題から構成されている。パッと見では，0.1ドルではないかと思いがちだが，この直観的な答えはバットとボールの価格差の条件を満たさないため間違っている（正解はボールが0.05ドル）。

CRT では，多くの人が最初に思いつく答えが誤っており，正解を導くためには分析的な熟考を必要とする。そのため CRT の高得点者は分析的思考を行う傾向が強く，事実，高得点者は，信念バイアスを測る三段論法など分析的思考を要する別の課題（第８章２節参照）でも正解しやすいこと（Toplak, West, & Stanovich, 2011）や，リスク下の意思決定で高価値だが遅延を伴う選択肢を選びやすいこと（Frederick, 2005），宗教，超常現象などの非合理的な信念をもちにくいことなどが示されている（Shenhav, Rand, & Greene, 2012）。

ただし，タイプ２過程は，つねに合理的思考を導くとは限らず，分析的な思考が行われたにもかかわらず依然として直観解が選択される場合があること（De Neys, 2018）や，政治的信条など個人の価値観に深くかかわる問題では，自身の立場に反する言説を低く評価するなどの歪んだ判断をしがちであることも示されている（Kahan, 2013）。

3　日常的思考

3-1　思考と感情・情動

世間一般には**理性**と**感情**は，互いに拮抗した二律背反的な過程としてとらえられることも多いだろう。しかし，実際には，理性という知的な働きと，感情，さらにはその中でも，比較的短期間に強く喚起される情動の働きは決して互いに相容れない過程ではなく，相補的に働くことがわかってきた。たとえば，**情動の二要因理論**では，先行して生じる生理的覚醒が，後に状況の認知的な評価を経て，特定の方向を持った情動として知覚されると考える。理性は，情動を抑えるのではなく，ある意味で情動に明確な意味付けを与えるよう働くとも言えるし，さらに理性が，情動が動機づけた行動に後付けの理由を与え，合理化・正当化すると考える研究者もいる（Haidt, 2007）。

理性と情動の関係については未解決の問題も多いが，意思決定と情動の関係については，以下のことが知られている。まず，「小の虫を殺して大の虫を助

《トロッコ問題》
暴走した電車が線路上を進み，このままだと線路上にいる5名の作業員全員に衝突する。この5名を助けるためには，レバーを倒してトロッコの進路を変えるしかないが，そうすると待避線にいる1名の作業員が死んでしまう。5名の作業員を助けるためにレバーを倒すことは道徳的に許されるだろうか？

《歩道橋問題》
暴走した電車が線路上を進み，このままだと線路上にいる5名の作業員全員に衝突する。この5名を助けるためには，歩道橋上の見知らぬ大きな男性を突き落してトロッコを食い止めるしかないが，そうするとこの人が死んでしまう。5名の作業員を助けるためにこの人を突き落すことは道徳的に許されるだろうか？

図9-7　道徳ジレンマ問題

ける（功利主義的選択）」か「汝殺すなかれ（義務論的選択）」かのいずれか一方を選ばなければならない**道徳ジレンマ**問題（図9-7）での選択は，しばしば被害者との距離の近さや，行為の直接性の強さの影響を受け，行為が直接的で被害者との距離が近いほど義務論的選択になりやすく，トロッコ問題よりも歩道橋問題の方が「5名を助けるために1名を犠牲にすることは許されない」とされやすいことが知られている。**道徳判断の感情反応説**によると，この選択にはジレンマ状況で生じる強い情動反応が関与しているとされる（Greene, Sommerville, Nystrom, Darley, & Cohen, 2001）。脳イメージング研究からも，ジレンマ解決の際に，社会・感情的情報処理を行う内側前頭回，後部帯状回という脳領域が活性化すること，社会的情動反応にかかわる腹内側前頭前野（vmPFC）を損傷した患者は功利主義的選択をしやすいことがわかっている。さらに，vmPFCを損傷した患者は，何が正しく何が間違っているかといった通常の理性的な判断はできても，長期的に損をするようなハイリスク・ハイリターンな選択を好んだり，私生活や仕事について無分別な判断をしたり，あるいは決められなかったりすることも知られている（Bechara & Damasio, 2005）。このように，意思決定において情動的な身体反応が重要かつ不可欠な役割を果たしていると考える仮説を**ソマティック・マーカー仮説**という。

3-2　動機づけられた推論

理性によってガイドされるはずの思考が，感情や情動による歪みから逃れられないことを示すさらなる証拠として**動機づけられた推論**が挙げられる（Kunda, 1990）。動機づけられた推論とは，個人が好ましいと思う結論にとって都合のよい証拠を選び，信じたくない結論とそれを支持する証拠を避ける思考方略である。とくに，地球温暖化，ワクチン接種など政治的信条や価値観に関与するような話題では，自説に沿った主張の証拠的価値を高く評価するのに，自説に反する主張は粗探しをするなどして過小評価することが知られている。さらに，CRT の高得点者でも，あるいはむしろそのような者ほど，より歪んだ方法で証拠を評価することもわかっている（Kahan, 2013）。これは，イデオロギーがかかわる話題では，信念やそれを支持する証拠を守るために，分析的思考のスキルが選択的に発揮されることを示している。動機づけられた推論では，推論や決定の目標が，情動や動機づけによってあらかじめ定められており，理性はその動機づけられた方向に沿って推論や判断を行うように働くのである。

動機づけられた推論をはじめとする様々な認知的バイアスが人の思考の非合理性を示す一方で，人は別の場面では合理的に推論できることも多くの研究からわかっている。このような，推論の「よさ」に関する矛盾した証拠を統合的に解釈することのできる理論として，**議論としての推論説**（argumentative theory of reasoning：Mercier & Sperber, 2011）が提唱されている。メルシエらによると，推論は真実を見つけて，個々の問題をよりよく解くことではなく，他者に主張を理解させるための議論を構築するためにあり，その目的のために進化したとされる。その観点からは，確証バイアス（第8章3節参照）も，真実を見つけることより，他者に自説のもっともらしさを主張するために，仮説に沿った事例が多く選択されると考えることができる。

今後は，人の思考過程に関する知見が，現実世界でのより複雑な判断や意思決定の説明，理解にどのように役立つのかについての探究がより進んでいくことが期待される。

❖考えてみよう

医療などの現場で行われる様々な判断や意思決定において，人の思考特性は，どのような場面で歪んだ判断や決定を招くだろうか。具体的な状況を設定して考えてみよう。そのような歪んだ判断・決定は，たんに気をつければ済む話なのか，もしそうでないならばどのような対処法があるのかも考えてみよう。

もっと深く，広く学びたい人への文献紹介

楠見 孝（編）(2010)．現代の認知心理学3　思考と言語　北大路書房

☞問題解決から，推論，意思決定まで思考の領域が幅広く解説されている。思考の認知心理学について理解する助けになる。

バデリー，M.　土方 奈美（訳）(2018)．エッセンシャル版行動経済学　早川書房

☞行動経済学についてわかりやすく解説した入門書である。判断や決定における認知バイアスと，実世界の行動への影響を理解する助けになる。

さらに，第8章で紹介されているマンクテロウの『思考と推論』や，「記憶」「意思決定・信念」「他者・自己」に関する認知バイアスを多数紹介した錯思コレクション100（https://www.jumonji-u.ac.jp/sscs/ikeda/cognitive_bias/）も本章の理解の役に立つ。

引用文献

Bechara, A., & Damasio, A. R. (2005). The somatic marker hypothesis: A neural theory of economic decision. *Games and Economic Behavior, 52*, 336-372.

De Neys, W. (2012). Bias and conflict: A case for logical intuitions. *Perspectives on Psychological Science, 7*, 28-38.

De Neys, W. (2018). Bias, conflict, and fast logic: Towards a hybrid dual process future? In W. De Neys (Ed.), *Dual process theory 2.0* (pp. 47-65). NY: Routledge.

Duncker, K. (1945). On problem-solving. *Psychological Monographs, 58*.

Evans, J. St. B. T. (2007). On the resolution of conflict in dual process theories of reasoning. *Thinking & Reasoning, 13*, 321-339.

Frederick, S. (2005). Cognitive reflection and decision making. *Journal of Economic Perspectives, 19*, 25-42.

Gentner, D. (1983). Structure-mapping: A theoretical framework for analogy. *Cognitive Science, 7*, 155-170.

Gick, M. L., & Holyoak, K. J. (1980). Analogical problem solving. *Cognitive Psychology, 12*, 306-355.

Greene, J. D., Sommerville, R. B., Nystrom, L. E., Darley, J. M., & Cohen, J. D.

(2001). An fMRI investigation of emotional engagement in moral judgment. *Science, 293*, 2105–2108.

Haidt, J. (2007). The new synthesis in moral psychology. *Science, 316*, 998–1002.

Kahan, D. M. (2013). Ideology, motivated reasoning, and cognitive reflection. *Judgment and Decision Making, 8*, 407–424.

Kahneman, D., Knetsch, J. L., & Thaler, R. H. (1990). Experimental tests of the endowment effect and the coase theorem. *Journal of Political Economy, 98*, 1325–1348.

Kahneman, D., & Tversky, A. (1979). Prospect theory: An analysis of decision under risk. *Econometrica, 47*, 263–291.

Kahneman, D., & Tversky, A. (1984). Choices, values, and frames. *American Psychologist, 39*, 341–350.

Kunda, Z. (1990). The case for motivated reasoning. *Psychological Bulletin, 108*, 480–498.

Lichtenstein, S., Slovic, P., Fischhoff, B., Layman, M., & Combs, B. (1978). Judged frequency of lethal events. *Journal of Experimental Psychology: Human Learning and Memory, 4*, 551–578.

Lung, C. T., & Dominowski, R. L. (1985). Effects of strategy instructions and practice on nine-dot problem solving. *Journal of Experimental Psychology: Learning, Memory, and Cognition, 11*, 804–811.

Mercier, H., & Sperber, D. (2011). Why do humans reason? Arguments for an argumentative theory. *Behavioral and Brain Sciences, 34*, 57–74; discussion 74–111.

Samuelson, W., & Zeckhauser, R. (1988). Status quo bias in decision making. *Journal of Risk and Uncertainty, 1*, 7–59.

Scheerer, M. (1963). Problem solving. *Scientific American, 208*, 118–131.

Shenhav, A., Rand, D. G., & Greene, J. D. (2012). Divine intuition: Cognitive style influences belief in God. *Journal of Experimental Psychology: General, 141*, 423–428.

Toplak, M. E., West, R. F., & Stanovich, K. E. (2011). The Cognitive Reflection Test as a predictor of performance on heuristics-and-biases tasks. *Memory & Cognition, 39*, 1275–1289.

Tversky, A., & Kahneman, D. (1981). The framing of decisions and the psychology of choice. *Science, 211*, 453–458.

9 点問題の正解

9 点問題の正解例を図 9-8 に示す。なお，図 9-8 では左上の点（0 地点）から始め，1，2，3，4 という順序で線を書いているが，右上の点から始めて左右逆転した状態になっても，左下の点から始めて90°回転した状態になってもかまわない。

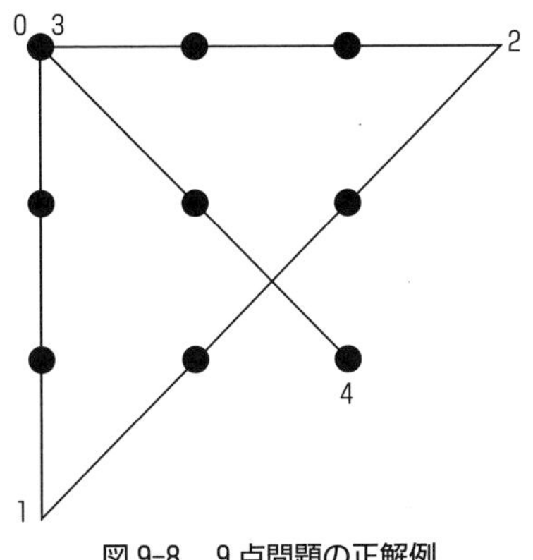

図 9-8　9 点問題の正解例

第10章　認知の個人差
——認知スタイルと実行機能

郷式　徹・坂田陽子

私たちはそれぞれ大なり小なり違いがある。認知に関しても，その能力だけでなく処理の仕方に違いがある。そうした認知処理の違いについて認知スタイルと呼ばれる概念から見ていきたい。認知スタイルの（大きな）偏りは，その偏りに応じた学習方法などを必要とすることを示した後に，認知の個人差として注目されつつある実行機能について詳しく見ていく。

1　認知スタイル

1-1　知能と認知スタイル

知覚・思考・記憶といった認知機能をひとまとめにした概念として**知能**がある。知能はある個人の精神発達や知的能力の水準と考えられており，その測定には知能検査を用いる。知能検査に含まれる様々な課題や問題の，どれに，どのくらい通過したかに応じて知能の水準を**知能指数**（Intelligent Quotient：IQ）などで示すことが多い。知能検査においては，課題や問題にどれだけ速く，かつ多く正解したかが重要となる。つまり，知能とは知覚・思考・記憶といった情報処理機能の性能，言わばパワーとスピードを示すものである。

しかし，100問の計算問題で，Ａさんは制限時間内に100問全部に回答したが正解したのは60問で，Ｂさんは60問しか回答できなかったが60問全部に正解した場合，両者は同じと考えてもいいだろうか。Ａさんは処理は速いが正確さに欠ける一方，Bさんは処理は遅いが丁寧で正確である。情報処理の性能（パワーとスピード）の観点からは両者は同じように見えるが，ものごとに取り組む姿勢ややり方（ハウツー），つまり課題に「どのように対処するか」は異なる。そうした様々な情報処理におけるその人ごとの典型的な方法，言うなれば，「くせ」のようなものを**認知スタイル**と呼ぶ（Ferrari & Sternberg, 1998）。

これまでに認知スタイルとして様々な概念が提唱されてきた。代表的なものとして，**場依存型―場独立型**（Witkin et al., 1954），**熟慮型―衝動型**（Kagan, Rosman, Day, Albert, & Phillips, 1964），**視覚型―聴覚型**（Richardson, 1977）などがある。

場依存型―場独立型（field dependence-independence）

場依存型―場独立型は，認知スタイルとしてもっとも早く提案されたものの一つであり，最初，知覚の個人差を検討するための**棒―枠組み検査**（rod and frame test：**RFT**）を実施する中で発見された。RFTでは，被検者は暗闇の中で蛍光塗料を塗った四角い正方形の枠とその枠の中の光る棒を呈示される。四角い枠と棒は両方とも地面に対して垂直方向から少し傾いており，被検者は枠の傾きにとらわれずに自分自身の重力感覚を手がかりに，棒を地面に垂直にすることを求められる。すると，枠の傾きに影響されて棒を垂直にしにくい人と枠の傾きに関係なく垂直にできる人がいる。前者のように認知的な処理の際に，まわりの刺激や状況に影響されやすい人（場依存型）と後者のようにまわりの刺激や状況に影響されにくく，自身の内部的な感覚などを手がかりに処理を行う傾向が高い人（場独立型）がおり，この認知に関する個人差（認知スタイル）として場依存型―場独立型が提案された。

その後，RFTよりも簡単に場依存型―場独立型を測定する方法として，**埋没図形テスト**（embedded figures test：**EFT**）が開発された。EFTは複雑な図形の中に隠れている簡単な図形を探し出す課題で，場独立型の人は場依存型の人に比べて図形を見つけ出すのが容易である。

また，場依存型―場独立型に関しては，RFTやEFTで測定される知覚的な側面のみならず，場依存型の人は，まわりの人の意見に影響されやすく，場独立型の人は影響されにくいといった対人・社会的側面との関連も見られる。すなわち，場依存型―場独立型はたんに知覚処理に関する個人差ではなく，認知処理全般に関するものなのである。

熟慮型―衝動型（reflection-impulsivity）

私たちが取り組む課題には処理速度を優先すると正確さが犠牲になり，正確さを求めて丁寧に処理すると処理速度が犠牲になるものが多くある。認知的な処理にあたり，詳細な視覚的分析や論理的な問題解決を好む人と，全体的で大まかな視覚的分析や直観的な問題解決を好む人がおり，前者を**熟慮型**，後者を**衝動型**と呼ぶ（Kagan et al., 1964）。熟慮型と衝動型では課題解決時の内省的な思考の長さが異なり，熟慮型は処理は遅いが正確な反応をし，衝動型は反応は速いが不正確となる。

衝動型―熟慮型は**同画探索検査**（matching familiar figures test：**MFFT**）で測定される。MFFT では，見本の絵（たとえば，椅子に座ったクマのぬいぐるみ）に対して，１枚の見本の絵と同じ絵に加えて見本の絵とは一部が異なる絵が５枚の計６枚が選択肢として示され，選択肢の中から見本の絵と同じ絵を探し出す。MFFT では間違えてもいいので，正答するまで見本と同じ絵を探し続ける。最初の回答までの時間が長く，正解するまでの誤答数が少ない人が熟慮型，逆に最初の回答までの時間が短く，正解するまでの誤答数が多い人が衝動型である。

様々な認知スタイルと分類

認知スタイルとして，その他にも**視覚型―聴覚型**（visual-auditory style），**継次処理型―同時処理型**（simultaneous-successive），分析的―非分析的概念化スタイル（analytic-nonanalytic conceptual style），認知的複雑性―認知的単純性（cognitive complexity-simplicity），認知的統制（cognitive control）などがある。ライディングとレイナー（Riding & Rayner, 1998）は認知スタイルを**全体型―分析型**と**言語型―視覚型**という相互に独立した軸の組み合わせにより分類した。全体型―分析型という軸は，情報を大雑把にとらえ，全体像の把握に優れるタイプと，情報を細かく分析し，要素から全体像を構築するタイプの違いを示している。また，言語型—視覚型という軸は，言語的情報の処理の方が容易なタイプと視覚的情報の方が容易なタイプの違いを示している。

1-2　認知の個人差と適性

認知スタイルは，場依存型—場独立型，熟慮型—衝動型のように対立する性質を対にして表現される。しかし，どちらのタイプがよい・悪いということはなく，あくまで，情報処理のやり方や好みであり，量的な優劣はない。とはいえ，特定の課題においてはより適切な処理方法，つまり状況による向き・不向きはある。そして，認知スタイルの偏りが大きな人，すなわち，いずれかの型の特徴が強い人ほど課題や状況に対する得意・不得意が表れやすい。

また，認知スタイルは対立する性質を対にして表現されるため，○○型の人と△△型の人に２分類されると誤解されることがある。しかし，どの認知スタイルでもその人数分布は**正規分布**に従う。そのため，基本的にどちらの型とも言えない平均値付近の中間的な人がもっとも多い（約７割）。平均値から離れるほど，いずれかの型の特徴は明確になってくるが，その人数は減っていく。

認知スタイルの偏りが極端な人は，相対的に少数である。多くの場合，学校や仕事といった社会の様々な仕組みは人数の多い中間的な人に合わせて作られているので，認知スタイルの偏りは学習や仕事に得意・不得意を生じさせる可能性がある。そのため，認知スタイルの偏りが大きい場合，自らの認知スタイルに応じた学習方法，職業や仕事のやり方を考える必要がある。また，私たちは自分とは異なる認知スタイルの人がいることを知り，それぞれにあった学び方や仕事のやり方が可能な社会（学校や職場）を考えていくことが求められる。公認心理師をはじめとした心理職はアセスメントを通じ，各個人が自らの認知スタイルを知り，認知スタイルに応じた対処をするのを助けることができる。また，学校や職場の多様な状況に応じた対応を支援することができるだろう。

認知スタイルは生涯を通じてそれほど大きく変化しないとされている。ただし，発達に伴う変化はある。たとえば，熟慮型—衝動型の場合，MFFT への反応は，年齢とともに最初の回答までの時間が長くなり，正解までの誤答数が減少していく。すなわち，個人内での発達的な変化として，衝動的な傾向から，次第に熟慮性が高まるが，同年齢集団の中での衝動性（熟慮性）の位置づけに関しては年齢が変化してもそれほど変わらない。つまり，衝動型の人が熟慮型に変化するといったことはなく，現在20歳で熟慮性の高い人は５歳のときにはもちろん今よりも衝動性が高かっただろうが，他の５歳児と比べれば熟慮性は高かったであろう，ということである。

認知スタイルと適性処遇交互作用

認知スタイルと課題との関連に関しては，**クロンバック**（Cronbach, L. J.）が提唱した**適性処遇交互作用**（Aptitude Treatment Interaction：**ATI**）を考える必要がある。適性処遇交互作用では，学習者の個人差（適性）と学習方法や指導法（処遇）の組み合わせで効果の違い（交互作用）があると考える（Cronbach, 1957）。学習者の個人差（適性）には学力や既有知識，性格，態度，興味・関心，学習スタイルなど多くのものを含む。一方，学習方法や指導法（処遇）には指導の手法，課題，かかわり方，カリキュラム，学習環境などが含まれる。

認知スタイルに関する適正処遇交互作用として，たとえば，外国語学習において，場独立型の学生は文法規則を先に学んだ方が効果的に学習できるのに対して，場依存型の学生は実際の文章や会話経験から文法規則を発見していく方が効果的に学習できる（Abraham, 1985）。すなわち，従来の学校での文法学習から英文解釈という英語教育は場独立型の人の方が向いているのに対して，実際の会話経験を通した外国語の習得は場依存型の方が速い。

個に応じた教育・学習の観点からは，認知スタイル（の偏り）と教育・学習方法の組み合わせ（適性処遇交互作用）は重要だろう。とくに発達障害の子どもたちは障害に関連する認知スタイルの偏りをもつことが多く，彼らの支援には認知スタイル（の偏り）の把握と，学習支援に関する適正処遇交互作用の考え方は欠かせない（２節参照）。

文化差

認知スタイルは，ある集団（たとえば日本の大学生）内の個人差として考えることができる。一方で，文化の異なる集団間では認知スタイルの偏りに違いがある。たとえば，棒—枠組み検査（RFT）では，アメリカ人に比べて東アジアの人々（日本人や中国人）は四角い枠の傾きに影響を受けやすい。すなわち，アメリカ人より東アジアの人々は場依存的な傾向があると言える。

こうした違いは，人が生まれ育つ文化によって異なる心理プロセスをもつために生じる。場依存型—場独立型の違いで言えば，欧米の文化圏の人々が物の本質はその物に内在するという**分析的思考様式**をもつのに対し，東アジア文化圏の人々は物事が状況との相互作用や関係にもとづいて決まるという**包括的思考様式**をもつ（Nisbett, 2003 杉本訳 2004；Nisbett, Peng, Choi, & Norenzayan, 2001）。また，熟慮型—衝動型では，日本の幼児・児童は，アメリカやイスラエルの幼児・児童より早く熟慮性が高まる（Salkind, Kojima, & Zelniker, 1978）。これは日本では課題への粘り強い取り組みに価値を見いだすからだと考えられている（小嶋，1982，1987）。

2　認知の個人差と発達障害

2-1　認知の個人差と自閉スペクトラム症

自閉スペクトラム症（Autism Spectrum Disorder：ASD）には，社会的コミュニケーションの障害と反復的な行動（こだわり）が発達早期から見られる（American Psychiatric Association, 2013 髙橋・大野監訳 2014）。

自閉スペクトラム症児・者が苦手なのは文脈や全体像の把握で，得意なのは文脈と無関係な局所への注意を要する処理である。そのため，自閉スペクトラム症児・者は場依存型—場独立型において，強い場独立型の傾向を示す。また，部分的処理が全体的処理よりも優勢な認知スタイルをもつと考えられる。**弱い中心性統合仮説**（weak central coherence：WCC）によると，自閉スペクトラム症児・者は，限定された一部分の刺激や情報どうしを過剰に関連づけるために，広い範囲の刺激や情報の関連づけが不十分になり，部分的な細部で処理する傾向が強くなり，全体的な統合能力が欠如しているように見える（Frith, 1989 冨田・清水訳 1991）。

ところで，人間はできごとや現象に対し，その原因と結果の結びつきから理解しようとする傾向がある。この理解には，人間の欲求や感情，意図などの心的状態と行為との因果関係に対する心的認知と，物理的な世界の因果関係に対する物理的認知の二つのタイプが存在する（Cosmides & Tooby, 1994）。バロン-コーエン（Baron-Cohen, S.）は心的認知に対応する働きを共感性，物理的認知に対応する働きをシステム化と呼び（若林・バロン-コーエン・ウィールライト，2006），他者や物事に対して，他人の思考や感情を想像する傾向の強い人と，メカニズムやシステムへの興味，規則性や法則性を探究する傾向の強い人がいることを指摘し，**共感性―システム化**という認知スタイルを提案した。共感性―システム化という認知スタイルでは，高機能自閉スペクトラム症児・者はシステム化機能がとくに高く，共感機能は極度に低いとされる（Baron-Cohen, Knickmeyer, & Belmonte, 2005；Baron-Cohen & Wheelwright, 2004）。すなわち，自閉スペクトラム症児・者は状況や他者に繰り返されるパタンを探し，そうしたパタンを生み出すシステムとして状況や他者を認識する。

2-2　認知の個人差と発達障害

自閉スペクトラム症以外の**発達障害**においても，それぞれの認知スタイルの考慮は学習支援をはじめとした効果的な支援のために重要であろう。たとえば，熟慮型の者は衝動型の者より，教示に従って自らの意志による行動の調整をすることが容易である（柏木，1988）。注意欠如・多動症（ADHD）をはじめとして発達障害をもつ子どもは衝動型に分類されることが多い。彼らが大人の指示に従わないように見えるのは，教示に応じて自らをコントロールすることが難しいためかもしれない。

また，認知スタイルと学習方法が合っていないために，授業中に課題に取り組めないのかもしれない。たとえば，認知スタイルには**視覚型―聴覚型**というものがある。視覚型は視覚的な刺激を好み，このタイプの学習者は読解やグラフ，絵などによる理解が容易である。聴覚型は聴覚的な刺激を好み，このタイプの学習者は聴解や聴講による理解が容易である。自閉スペクトラム症児に対しては視覚的な手がかりによる支援が有効とされることが多いが，言語的な指示や説明の方がわかりやすい子どももいる。

知能検査による認知スタイルの推測

自閉スペクトラム症に限らず，発達障害をもつ子どもで，日常や学校での生活，とくに学習の面で困難が生じている場合，認知スタイルは検討に値するだろう。認知スタイル自体を正確に測るのは難しいかもしれない。しかし，障害の診断がある場合，**知能検査**を受けている子どもも多い。ウェクスラー式の知能検査（WISC-IV）では，言語理解指数（VC），注意記憶指数（FD），知覚統合指数（PO），処理速度指数（PS）の四つの群指数を求めることができる。これら四つの指数（表 10-1）の個人内での差から認知スタイルの偏りを推測することが可能である。

学習面に関してより詳細な把握を行いたい場合，心理・教育アセスメントである KABC-Ⅱを用いて，認知処理過程を**継次処理**と**同時処理**の面から測定できる。継次処理は順序立てて情報を処理する能力で，この能力が優れている者（継次処理型または順序型）は部分から全体を把握するのを得意とする。同時処理は全体的・空間的に情報を見渡して処理する能力で，この能力が優れている者（同時処理型または全体型）は全体から部分を取り出すのを得意とする。

心理アセスメントは心理職の主要な職務の一つであり，発達障害などの認知面の問題が疑われるケースでは WISC-IV などの知能検査を実施することも多い。知能検査の結果から認知スタイルの偏りを読み取ることができれば，支援に活かしていくことができるだろう。

表 10-1　WISC-IV の群指数の内容

言語性	言語理解指数（VC）	言語的な情報や自身のもつ言語的な知識を状況に合わせて応用できる能力
	注意記憶指数（FD）	注意を持続させて聴覚的な情報を正確に取り込み，記憶する能力
動作性	知覚統合指数（PO）	視覚的な情報を取り込み，各部分を相互に関連づけ全体として意味あるものへまとめ上げる能力
	処理速度指数（PS）	視覚的な情報を事務的に，数多く正確に処理していく能力

（出所）上野・海津・服部（2005）（一部改変）

3　実行機能

3-1　実行機能とその構成

認知スタイルの他に，近年，**実行機能**（executive function）という概念が認知の個人差として注目されてきている。実行機能とは，なんらかの志向に沿って目標を実現するために思考や行動をコントロールする働きであり，その制御には脳の前頭葉が深くかかわっている（たとえばGilbert & Burgess, 2008)。実行機能はワーキングメモリをはじめとする複数の能力の構成概念であるが，その構成には研究者や時代によって様々な解釈がある。たとえば初期の，ミヤケら（Miyake, Friedman, Emerson, Witzki, Howerter, & Wager, 2000）の実行機能の複合体モデルは，**抑制**（inhibition）・**シフティング**（shifting）・**更新**（updating）の三つの下位要素から構成される。抑制は，無関連な情報や反応を抑えて，必要な情報に注意を向けたり反応したりする機能である。シフティングは，課題（もしくは刺激）がいくつかあるときに，ある課題（刺激）から違う課題（刺激）へと注意を柔軟に切り替える機能である。更新は，ワーキングメモリにある情報を監視し，つねに新しい情報へ更新する機能である。これらの機能を基盤として，問題解決，推論，プランニングや，行動抑制，情緒調節を実行する。

さらに新しいモデルでは（Miyake & Friedman, 2012)，下位要素を統合する共通実行機能（common executive function）と更新固有（updating-specific）の成分，シフティング固有（shifting-specific）の成分という多様体として実行機能を説明している。またこのモデルでは，実行機能の行使に関して，全て抑制機能が含まれるため，抑制は固有の成分としては抽出されていない。

発達的な文脈では，実行機能を**ワーキングメモリ**（working memory)，**認知の柔軟性**（cognitive flexibility)，**抑制制御**（inhibitory control）の三つの下位概念から構成されると想定している（Diamond, 2013；Zelazo & Carlson, 2012)。ワーキングメモリは，たんなる情報の記憶だけでなく，情報を記憶保持しつつその情報を使用して課題を遂行する（第６章２節参照)。認知の柔軟性は先述したシフティングに近いが，課題や状況に応じて注意を自在に切り替えたり，多角的視点を考慮しながら問題を解決する。抑制制御は先述した抑制に類似した概念で，今行っている行動や情報への注意を抑えたり，同じ行動を行うのを止める。

3-2　実行機能とワーキングメモリの関係

実行機能とワーキングメモリの関係には大別すると二つの見方がある。実行機能をワーキングメモリの一部とみなすか，ワーキングメモリを実行機能の一部とみなすか，である。前者は，バドリー（Baddeley, 2012）のモデルに代表される。すなわち，ワーキングメモリを駆動させるために実行機能（バドリーは，中央実行系（central executive）と呼んでいる）が必要という考え方である（第6章2節参照)。また，先述したミヤケらのモデル（Miyake et al., 2000；Miyake & Friedman, 2012）も，ワーキングメモリ内の情報を更新するために実行機能が働くという立場である。

一方，ワーキングメモリを実行機能の下位概念として位置づける見方は，発達心理学の分野ではよく見られる（たとえば，先述の Diamond（2013）や Zelazo & Carlson（2012）のモデル）。ワーキングメモリは認知の柔軟性，抑制制御とともに，実行機能を駆動させるための下位概念とされる。

しかしながら，二つの見方にはそれぞれ一長一短があり，互いに相補関係にあるとする意見もある（三宅・齊藤，2014)。

3-3　実行機能の測定課題と方法

ここまで述べてきたように実行機能はいくつかの下位要素からなる複合体である。そこで，アセスメントや機能測定には，測定対象の下位要素それぞれに応じた測定課題や尺度から成る**テストバッテリー**を組む必要がある。けれども，妥当な課題の組み合わせや，採点方法はまだ確立していない。そこで本項では，それぞれの下位要素の主な測定課題と方法を別々に見ていく。

成人対象の測定方法

成人を対象とする場合は，言語や計算の能力が安定して保持されていることを前提に課題が作成されている。

①抑制制御の測定

抑制制御を測定する課題としては，刺激が出現する位置と反対側へ眼球を動かして反応レベルの抑制制御を測定するアンチサッケード課題や，刺激が出現する位置と反対側の位置にあるボタンを押すなどして反応レベルの抑制制御を測定するサイモン課題がある。また，一連の反応の途中に合図や音が提示されたら，そのときだけ反応をやめることが要求されるストップシグナル課題，視覚的により目立ったり，よく知っている情報への反応を抑制し，それ以外の情報へ反応するという**ストループ課題**（第１章３節参照），フランカー課題などもよく用いられる。

②シフティングの測定

シフティングの測定には，タスクスイッチングパラダイムに属する課題が用いられる。たとえば，神経心理学的検査の一種である**ウィスコンシンカード分類課題**（Wisconsin Card Sorting Test：**WCST**）がある。WCST では，被検者は色付けされた幾何学図形が１～４個描かれたトランプのようなカードを１枚ずつ渡され，色・形・数のいずれかの基準でカードを分類していく。正解の分類はテスターしか知らず，被検者は１枚分類するたびにテスターから分類の正誤をフィードバックされる。正解が何枚か続くと，被検者には内緒で基準が変更され，突然被検者は「誤答」とフィードバックされる。そこから新しい基準に対応できるまでの反応時間や誤答数がシフティングの指標となる。WCST は脳神経疾患や精神疾患のアセスメントとして臨床現場でもよく使用される。

また，**トレイル・メイキング・テスト**（Trail Making Test：**TMT**）においても，数字とひらがなが雑多に書いてある中から，数字とひらがなを順番にたどっていく課題があり（たとえば１→あ→２→い→３→…），これも，シフティングや注意の切り替えの能力の指標となっている。他にも，シフティング課題として色と形や，数字と文字などの複数のカテゴリを用いて，課題間や刺激間の切り替えに要する時間を計測することによりシフティング機能を測定することもある。

③更新の測定

更新については，**Nバック課題**や計数スパン課題，定速聴覚連続付加検査（Paced Auditory Serial Addition Task：PASAT）などで測定される。いずれも，被検者はモニタに順番に提示される文字や数字，あるいは図形を見ながらも，すでにモニタから消えてしまったn個前の刺激を思い出し，それを用いて課題を遂行しなくてはならない（たとえば，今提示されている刺激との同異判断や，計算など）。またWAIS-IVや，高齢者向けの**ミニメンタルステート検査**（Mini-Mental State Examination：MMSE）や**長谷川式認知症スケール**でも，計算や数字の逆唱が取り上げられ，更新機能（ワーキングメモリ容量）が測定されている。

子ども対象の測定方法

成人向けの課題はかなり課題負荷が高いため，子ども向けには課題解決の工夫がなされている（発達的知見や使用課題の説明について，幼児期に関しては坂田（2019），児童期に関しては森口（2011），抑制制御に関しては土田・坂田（2019）に詳しい）。

①ワーキングメモリの測定

発達的な観点から見た実行機能には，下位概念としてワーキングメモリが入る。ワーキングメモリの測定は，主に言語性と視空間性に大別され，前者は数字や文字，単語，文章を聞いて記憶した上で，それを用いて課題を遂行する。代表例はWISC-IVでも採用されている数字系列再生課題である。これは，何桁まで数字を逆唱できるかでワーキングメモリ容量を測定する。一方，後者としては異形選択課題がある。被検者はまず三つの図形（刺激）の中から仲間外れを選択してその位置を記憶する。図形（刺激）の数を増やしていき（およそ七つまで），最後に正答した図形（刺激）の数がワーキングメモリ容量として測定される。

②認知の柔軟性測定課題

幼児用としては**次元変化カード分類課題**（Dimensional Change Card Sort Task：**DCCS Task**）がある（たとえば，Zelazo, Frye, & Rapus, 1996）。「黄色の車」と「緑色の花」のカード（ターゲットカード）が1枚ずつと，分類用のテストカード（「緑色の車」と「黄色の花」）が5～7枚ずつ用意される。最初に参加者は，テストカードをターゲットカードと同じ形（車または花）もしくは色（黄色または緑色）に分類するように求められる。次に，最初のルールとは逆のルール，すなわち色（もしくは形）に分類するよう言われる。つまり，以前のルールを抑制し，新しいルールへ柔軟に切り替えられるかを測定する。その点では，抑制制御も要求される。

児童期の認知の柔軟性の測定には，成人用と同様のタスクスイッチングパラダイムを用いた課題が使用されるが，子どもにとってなじみのある刺激に変える手続きがとられることもある（Kray, Eber, & Karbach, 2008）。

③抑制制御の測定

乳児期の抑制制御を測定する課題としては，古典的な**A not B エラー課題**[1]がある。またアンチサッケード課題を実施し，眼球運動を指標とすることもある。幼児用の課題として，古典的にはGo/No-Goテスト（Luria, 1961）や，**マシュマロ・テスト**（後述）（Mischel, 1974），昼夜ストループ課題（Gerstadt, Hong, & Diamond, 1994），赤青課題（小川・子安，2010）などがある。いずれも，今行っている，もしくは行おうとする行動を止めて，違う行動をする，もしくは何もしない，という能力を測定している。児童期になると，ストップシグナル課題やストループ課題，フランカー課題など，刺激が子どもにとって馴染みのあるイラストなどに変えられることはあるものの（Rueda et al., 2004），成人の抑制制御を測定する課題と同様の課題が用いられる。

➡1　A not B エラー課題：9か月前後の乳児の目の前に物を隠す場所を2か所用意しておく。一方に何回も物を隠し乳児が探索に成功したところで，乳児の目の前で，もう一方の隠し場所に物を隠す。そして，新しい隠し場所を探索できるかどうかを測定する課題である。

④実行機能の測定

いずれの課題も個別に実施されることが多く，コンピュータ上で専用プログラムを用いたり，専用の材料や機材を使用したりして，正答率や反応時間から個々人の実行機能を測定する。そのため，それぞれの課題に専門の知識や分析方法，専用のプログラムが必要であり，実施に訓練が必要となる。

一方，ルリア（Luria, A. R.）の神経心理学モデルを基盤とするDN-CAS検査は標準化されており，５～17歳が対象で，プランニング，注意，同時処理，継次処理の測定項目が含まれることから，幼児期から青年期にかけての総括的な実行機能の測定が可能である。

3-4　実行機能の個人差を規定する要因

実行機能における個人差の決定因として，遺伝的要因（加齢変化を含む），社会的要因（とくに対人関係），経験の要因（トレーニングや教育的介入等も含む）が挙げられている（土田・坂田，2019に詳しい）。

遺伝的要因の影響

実行機能の個人差について双生児の縦断研究を行ったフリードマンら（Friedman et al., 2008）は，一卵性双生児では共通実行機能については99％一致することを見いだした。また実行機能を測定する課題成績は，中程度の遺伝的要因の影響が見られた。思春期から青年期の実行機能の個人差のほとんどに遺伝的要因が影響を及ぼしているとも報告している。さらに近年，モリグチとシノハラ（Moriguchi & Shinohara, 2019）が，遺伝子の型の違いと実行機能にかかわる脳活動（外側前頭前野）との関連性を発見した。

社会的要因の影響

青年に対して，アンチサッケード課題を実施する前に，パソコンのオンライン上で複数でゲームをしてもらった。そして，仲間外れにされる条件を設定したところ，仲間外れにされない条件群と比較して，アンチサッケード課題の得点が低かった（Jamieson, Harkins, & Williams, 2010）。

乳幼児の抑制制御や認知の柔軟性に関して，他者の存在や介入が課題成績に正の影響を及ぼす場合（Marshall & Drew, 2014；Moriguchi, Sakata, Ishibashi, & Ishikawa, 2015；Qu, 2011）もあれば，負の影響を及ぼす場合もある（Luria, 1966；Moriguchi, Lee, & Itakura, 2007）。実行機能は脳機能の成熟や遺伝的要素によって頑健で一貫した反応を見せるかのように思えるが，そうではなく，状況に応じて，とくに他者の存在に対して柔軟に反応するという側面もある。

経験の要因の影響

就学前の実行機能の成績は，就学後の学業成績と強く関連している（たとえば，Ponitz, McClellend, Matthews, & Morrison, 2009）。また，いますぐマシュマロを１個もらうか，少し待って２個もらうかを選択させる**マシュマロ・テスト**と呼ばれる抑制制御課題を就学前児に実施後，数十年にわたり追跡調査を行ったところ，就学前における抑制制御や自制心の有無が，将来にわたる様々な側面（進学適性試験の成績，肥満度，自尊心，収入など）を予測するという（Mischel, 2014 柴田訳 2015）[2]。

一方で，実行機能の可鍛性（可塑性）が強いことを示す成果として，必要な反応のみのくり返しや練習の効果（Tsuchida & Kawakami, 2018），訓練や教育の効果（湯澤・湯澤（2014）に詳しい）から明らかになっている。また，PC ゲームや運動による実行機能向上が見いだされている（たとえば，Diamond & Lee, 2011）[3]。さらには，発達障害をもつ子どもに対する実行機能の訓練も効果的であることがわかってきた（Alloway, 2011 湯澤・湯澤訳 2011）。

このように，実行機能はある程度頑健に遺伝的影響を受ける反面，可鍛性（可塑性）も多分にあり，他者とのかかわりや訓練，教育の影響も受けやすい。可鍛性（可塑性）があるということは，教師や心理職にとっては，外的要因から実行機能が向上しうる明るい可能性と見える。一方，個人差や臨床的ケース，年齢によっても訓練や教育内容は異なるはずだが，その詳細については手探り

➡2　最近になって，この課題の成績と，将来の成功の程度との因果関係については疑問視する研究報告が出された（Watts, Duncan, & Quan, 2018）。

➡3　PC ゲームの訓練効果については反論もある（Rueda, Rothbart, McCandliss, Saccomanno, & Posner, 2005）。

の状態が続いており，データの蓄積やメタ分析による，現場に役立つ指標の確立が待たれる。

実行機能の個人差は，あくまでも数値でとらえられ，分布上の位置で確認されてきた。しかし最近，こうした知能や知識量，推論や課題解決方略などといった数値で表されるような，いわゆる認知的能力として実行機能をとらえる見方に対して，実行機能を非認知能力の一つととらえる見方も出てきた（森口，2019）。この非認知能力とは，人が社会で適応的に生きる際に必要な能力であり，他者と上手く付き合う力，自己をコントロールする力，忍耐力や持続力など，数値では計り知れない能力を指す。こうした観点も考慮したうえで実行機能の個人差を考え，それに応じた環境づくりや支援の在り方を提案することが大切であろう。

❖考えてみよう

・認知スタイル（たとえば，熟慮型―衝動型，視覚型―聴覚型など）について，自分はどのタイプかを考え，自分に合う学習スタイルについて検討してみよう。
・日常生活の中で，実行機能を行使していると思われる場面を考えてみよう。また，実行機能がうまく働かなかった場面を考えてみよう。
・実行機能を向上させるために，どのような訓練をすればよいか考えてみよう。

もっと深く，広く学びたい人への文献紹介

山口 真美（2016）．発達障害の素顔――脳の発達と視覚形成からのアプローチ――　講談社．

☞自閉スペクトラム症を中心に認知の偏りに関してわかりやすく最新の研究がまとめられている。ブルーバックスシリーズの中の１冊であるため，読みやすい。

森口 佑介（2019）．自分をコントロールする力――非認知スキルの心理学――　講談社現代新書

☞一般向けに実行機能の発達に関する研究が多数紹介されており，エビデンスを基にこの分野の流れを概観することができる。

引用文献

Abraham, R. G. (1985). Field independence-dependence and the teaching of grammar. *TESOL Quarterly, 19,* 689–702.

Alloway, T. P. (2011). *Improving working memory: Supporting students' learning.* London: Sage.
（アロウェイ，T. P.　湯澤 美紀・湯澤 正通（訳）(2011)．ワーキングメモリと発達障害　教師のための実践ガイド2　北大路書房）

American Psychiatric Association (2013). *Diagnostic and statistical manual of mental disorders* (5th ed.). Washington, D.C.: American Psychiatric Publishing.
（日本精神神経学会（日本語版用語監修）髙橋 三郎・大野 裕（監訳）(2014)．DSM-5 精神疾患の診断・統計マニュアル　医学書院）

Baddeley, A. (2012). Working memory: Theories, models, and controversies. *Annual Review of Psychology, 63,* 1–29.

Baron-Cohen, S., Knickmeyer, R. C., & Belmonte, M. K. (2005). Sex difference in the brain: Implications for explaining autism. *Science, 310,* 819–823.

Baron-Cohen, S., & Wheelwright, S. (2004). The empthy quotient: An investigation of adults with Asperger syndrome or high functioning autism, and normal sex differences. *Journal of Autism and Developmental Disorders, 34,* 163–175.

Cosmides, L., & Tooby, J. (1994). Origins of domain specificity: The evolution of functional organization. In L. A. Hirschfeld & S. A. Gelman (Eds.), *Mapping the mind: Domain specificity in cognition and culture* (pp. 85–116). New York: Cambridge University Press.

Cronbach, L. J. (1957). The two disciplines of scientific psychology. *American Psychologist, 12,* 671–684.

Diamond, A. (2013). Executive functions. *Annual Review of Psychology, 64,* 135–168.

Diamond, A., & Lee, K. (2011). Interventions shown to aid executive function development in children 4 to 12 years old. *Science, 333,* 959–964.

Ferrari, M., & Sternberg, R. J. (1998). The development of mental abilities and styles. In W. Damon (Ed.), *Handbook of child psychology: Vol. 2. Cognition, perception, and language* (pp. 899–946). Hoboken, NJ, US: John Wiley & Sons Inc.

Friedman, N. P., Miyake, A., Young, S. E., DeFries, J. C., Corley, R. P., & Hewitt, J. K. (2008). Individual differences in executive functions are almost entirely genetic in origin. *Journal of Experimental Psychology. General, 137*(2), 201–225.

Frith, U. (1989). *Autism: Explaning the enigma.* UK: Basil Blackwell.
（フリス，U.　冨田 真紀・清水 康夫（訳）(1991)．自閉症の謎を解き明か

す　東京書籍）
Gerstadt, C. L., Hong, Y. J., & Diamond, A. (1994). The relationship between cognition and action: Performance of children 3.5–7 years old on a Stroop-like daylight test. *Cognition, 53*, 129–153.
Gilbert, S. J., & Burgess, P. W. (2008). Executive function. *Current Biology, 18*, R110–114.
Jamieson, J. P., Harkins, S. G., & Williams, K. D. (2010). Need threat can motivate performance after ostracism. *Personality and Social Psychology, 36*, 690–702.
Kagan, J., Rosman, B. L., Day, D., Albert, J. I., & Phillips, W. (1964). Information processing in the child significance of analytic and reflective attitudes. *Psychological Monographs: General and Applied, 78*, 1–37.
柏木 恵子 (1988). 幼児期における「自己」の発達　東京大学出版会
小嶋 秀夫 (1982). 家庭と教育　教育学大全集第10巻　第一法規
小嶋 秀夫 (1987). 文化　東 洋・稲垣 忠彦・岡本 夏木・佐伯 絆・波多野 誼余夫・堀尾 輝久・山住 正己 (編)　学ぶことと子どもの発達教育の方法２ (pp. 258–287)　岩波書店
Kray, J., Eber, J., & Karbach, J. (2008). Verbal self-instructions in task switching: A compensatory tool for action-control deficits in childhood and old age? *Developmental Science, 11*, 223–236.
Luria, A. R. (1961). *The role of speech in the regulation of normal and abnormal behavior*. New York: Pergamon Press.
Luria, A. R. (1966). *Higher cortical functions in man*. Oxford, England: Basic Books.
Marshall, P. J., & Drew, A. R. (2014). What makes Simon Says so difficult for young children? *Journal of Experimental Child Psychology, 126*, 112–119.
Mischel, W. (1974). Processes in delay of gratification. In L. Berkowitz (Ed.), *Advances in experimental social psychology*. Vol. 7. (pp. 249–292). New York: Academic Press.
Mischel, W. (2014). *The marshmallow test: Mastering self-control*. NewYork, NY: Hachette Book.
(ミッシェル, W.　柴田 裕之 (訳) (2015). マシュマロ・テスト――成功する子・しない子――　早川書房)
Miyake, A., & Friedman, N. P. (2012). The nature and organization of individual differences in executive functions: Four general conclusions. *Current Directions in Psychological Science, 21*, 8–14.
Miyake, A., Friedman, N. P., Emerson, M. J., Witzki, A. H., Howerter, A., & Wager, T. D. (2000). The unity and diversity of executive functions and their contri-

butions to complex "Frontal Lobe" tasks: A latent variable analysis. *Cognitive Psychology, 41*, 49-100.

三宅 晶・齊藤 智（2014）．第２章　実行機能の概念と最近の研究動向　湯澤 正通・湯澤 美紀（編）ワーキングメモリと教育（pp. 27-45）北大路書房

森口 佑介（2011）．児童期における実行機能の発達　上越教育大学研究紀要，*30*，115-121.

森口 佑介（2019）．自分をコントロールする力――非認知スキルの心理学――　講談社現代新書

Moriguchi, Y., Lee, K., & Itakura, S. (2007). Social transmission of disinhibition in young children. *Developmental Science, 10*, 481-491.

Moriguchi, Y., Sakata, Y., Ishibashi, M., & Ishikawa, Y. (2015). Teaching others rule-use improves executive function and prefrontal activations in young children. *Frontiers in Psychology, 6*, 894.

Moriguchi, Y., & Shinohara, I. (2019). Effect of the COMT Val158Met genotype on lateral prefrontal activations in young children. *Developmental Science, 21*: e12649. https://doi.org/10.1111/desc.12649.（2020年10月27日閲覧）

Nisbett, R. E. (2003). *The geography of thought*. New York: Free Press.
（ニスベット，R. E.　杉本 由紀子（訳）（2004）．木を見る西洋人 森を見る東洋人――思考の違いはいかにして生まれるか――　ダイヤモンド社）

Nisbett, R. E., Peng, K., Choi, I., & Norenzayan, A. (2001). Culture and systems of thought: Holistic vs. analytic cognition. *Psychological Review, 108*, 291-310.

小川 絢子・子安 増生（2010）．幼児期における他者の誤信念に基づく行動への理由づけと実行機能の関連性　発達心理学研究，*21*，232-243.

Ponitz, C. C., McClelland, M. M., Matthews, J. S., & Morrison, F. J. (2009). A structured observation of behavioral self-regulation and its contribution to kindergarten outcomes. *Developmental Psychology, 45*, 605-619.

Qu, L. (2011). Two is better than one, but mine is better than ours: Preschoolers' executive function during co-play. *Journal of Experimental Child Psychology, 108*, 549-566.

Richardson, A. (1977). Verbalizer-visualizer: A cognitive style dimension. *Journal of Mental Imagery, 1*, 109-125.

Riding, R., & Rayner, S. (1998). *Cognitive styles and learning strategies: Understanding style differences in learning and behaviour*. London: David Fulton Publishers.

Rueda, M. R., Fan, J., McCandliss, B. D., Halparin, J. D., Gruber, D. B., Lercari, L. P., & Posner, M. (2004). Development of attentional networks in childhood. *Neuropsychologia, 42*, 1029-1040.

Rueda, M. R., Rothbart, M. K., McCandliss, B. D., Saccomanno, L., & Posner, M. I. (2005). Training, maturation, and genetic influences on the development of executive attention. *Proceedings of the National Academy of Sciences, 102,* 14931-14936.

坂田 陽子（2019）．第７章第３節　発達心理学――幼児期・児童期――　吉崎 一人・松尾 貴司・斎藤 和志（編）心理学概説――こころを科学する―― 第２版（pp. 103-108）ナカニシヤ出版

Salkind, N. J., Kojima, H., & Zelniker, T. (1978). Cognitive tempo in American, Japanese, and Israeli children. *Child Development, 49,* 1024-1027.

Tsuchida, N., & Kawakami, M. (2018). Effect of aging on processes of motor inhibition. *Japanese Psychological Research, 60,* 111-118.

土田 宣明・坂田 陽子（2019）．実行機能の形成と衰退――抑制機能に注目して――　発達心理学研究，*30*，176-187.

上野 一彦・海津 亜希子・服部 美佳子（編）（2005）．軽度発達障害の心理アセスメント　日本文化科学社

若林 明雄・バロン-コーエン，S.・ウィールライト，S.（2006）．Empathizing-Systemizing モデルによる性差の検討――Empathizing 指数（EQ）と Systemizing 指数（SQ）による個人差の測定――　心理学研究，*77*，271-277.

Watts, T. W., Duncan, G. J., & Quan, H. (2018). Revisiting the Marshmallow Test: A conceptual plication investigating links between early delay of gratification and later outcomes. *Psychological Science, 29,* 1159-1177.

Witkin, H. A., Lewis, H. B., Hertzman, M., Machover, K., Meissner, P. B., & Wapner, S. (1954). *Personality through perception: An experimental and clinical study.* New York: Harper.

湯澤 正通・湯澤 美紀（編）（2014）．ワーキングメモリと教育　北大路書房

Zelazo, P. D., & Carlson, S. M. (2012). Hot and cool executive function in childhood and adolescence: Development and plasticity. *Child Development Perspectives, 6,* 356-360.

Zelazo, P. D., Frye, D., & Rapus, T. (1996). An age-related dissociation between knowing rules and using them. *Cognitive Development, 11,* 37-63.

第11章　認知の障害
——注意・記憶・思考の問題

武田俊信

この章では注意，記憶，思考の障害に起因する精神医学的な疾患について紹介する。精神医学的な疾患に共通するのは，それにより社会的な機能不全に陥っているという点である。それゆえ，多動があろうが妄想があろうが社会的に機能できていれば必ずしも診断がつくわけではないし，治療の対象ともならない。また**生物—心理—社会モデル**（bio-psycho-social model）（序章参照）で考えた場合に，環境調整が社会的な機能不全を低減する可能性を忘れてはならない。さらに，注意・記憶・思考の障害は必ずしも質的に異常という場合だけではなく，量的に正常から偏っている（偏倚）場合もあることに留意すべきである。

1　注意の障害

注意は**全般性注意**と外界や身体に対する一定の方向に向かった注意である**方向性注意**に大きく二分される。全般性注意には様々な分類があるが，本章では全般性注意は三つの要素，すなわち，①選択性（selectivity），②強度（intensity），③注意の制御（supervisory attention control）から構成されるという枠組み（図11-1）を採用する（加藤，2009）。

そのうえで強度の一要素である覚度（vigilance）は医学・生理学において意識のレベルと同義とされることが多いため意識の障害を，次いでその他の全般性注意が障害される代表的な例として注意欠如・多動症（ADHD）を取り上げ

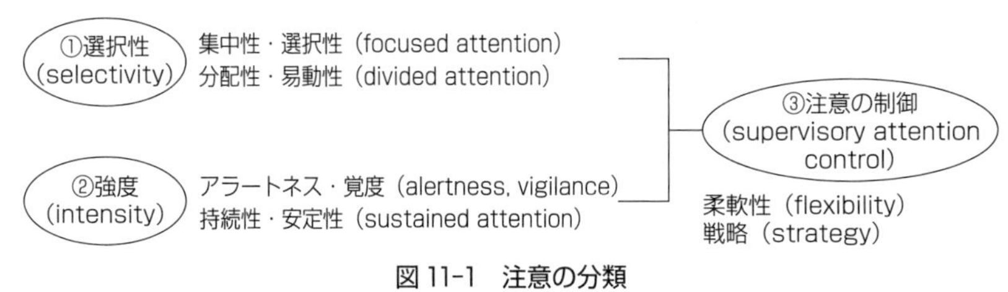

図 11-1　注意の分類

（出所）加藤（2009）（一部改変）

る。最後に方向性注意の障害について簡単に触れることにする。

1-1　意識（覚度）の障害

意識（consciousness）は「識る≒知る」という語源をもち，「自分や周囲の様子をよく知っている，はっきりとわかっている状態」を指し，たんなる覚度よりも広い概念である。覚醒時の正常な意識を覚醒意識といい，有機体が外部刺激を受け入れ，自己の体験として咀嚼し外部へ表出する知覚，思考，感情，記憶，意欲などのあらゆる心的活動を支える基盤ないし媒体である。意識の障害には量的なものと質的なものがあり，前者は**意識混濁**，後者は**意識変容**といわれる。（北村，2013）

意識混濁

意識の明瞭さの障害で清明性（awareness），覚醒性（wakefulness），あるいは覚度（vigilance）の低下した状態であり，刺激に対する反応で段階を分ける。意識の量的な障害が軽い順に，昏蒙，傾眠，昏眠，昏睡となっている。意識混濁の客観的評価尺度として，日本昏睡スケール（Japan Coma Scale：JCS）（表11-1）やグラスゴー昏睡スケール（Glasgow coma scale：GCS）などが用いられる。

意識変容

比較的軽い意識混濁に多彩な精神刺激症状の加わった複雑な意識障害で，せん妄，思考の錯乱，一過性の幻覚・妄想などを伴う精神状態であるアメンチア，夢幻状態などがある。そのうち，**せん妄**は認知症などで臨床的に比較的よく見

表 11-1　日本昏睡スケール（Japan Coma Scale：JCS）

Ⅲ．刺激をしても覚醒しない状態（3桁の点数で表現） (deep coma, coma, semicoma)
300．痛み刺激に全く反応しない 200．痛み刺激で少し手足を動かしたり顔をしかめる 100．痛み刺激に対し，払いのけるような動作をする
Ⅱ．刺激すると覚醒する状態（2桁の点数で表現） (stupor, lethargy, hypersomnia, somnolence, drowsiness)
30．痛み刺激を加えつつ呼びかけを繰り返すと辛うじて開眼する 20．大きな声または体を揺さぶることにより開眼する 10．普通の呼びかけで容易に開眼する
Ⅰ．刺激しないでも覚醒している状態（1桁の点数で表現） (delirium, confusion, senselessness)
3．自分の名前，生年月日が言えない 2．見当識障害がある 1．意識清明とは言えない

（注）R：Restlessness（不穏），I：Incontinence（失禁），A：Apallic state（失外套症候群）または Akinetic mutism（無言無動）（たとえば 30R または 30 不穏とか，20I または 20 失禁として表す）。
（出所）太田他（1975）（日本神経治療学会（2009）より転載）（一部改変）

られ，軽度ないし中等度の動揺する意識混濁に活発な妄想，強い不安・恐怖，不穏・興奮を伴う。鮮明な場面性の強い幻視が次々に現れては消え，患者は夢と現実との区別がつかなくなり，事実を妄想的に曲解する。甲状腺機能低下・亢進症などの症状に関係する症候性，認知症・脳血管障害などの器質性（身体的要因が直接脳そのものを障害する），アルコール依存症などの中毒性の精神障害に広く認め，夕刻から夜間（夜間せん妄）に生じやすい。（北村，2013）

1-2　意識の障害の治療・介入

意識障害は脳卒中，心筋梗塞，脳炎・髄膜炎，低ナトリウム血症（水中毒），てんかん，薬物中毒など様々な原因があり，治療の基本は当該の身体疾患の治療である。せん妄では身体治療に加えて必要ならば薬物療法も行う。病気の前触れである前駆症状の時点でせん妄を疑って原因を探ると，より迅速な対応が

表 11-2　せん妄の危険因子と介入の流れ

危険因子	標準的な介入の流れ
認知面の支障	オリエンテーション：名前表や予定表など，身の回りの情報を再認するためのコミュニケーション 心理療法的な活動：最近の出来事に関する討論，構造化された回想，単語ゲームなどの，認知を刺激する活動を，一日に 3 回行う
睡眠不足	非薬物的睡眠：就寝時に温かい飲み物を取る，リラクゼーション音楽，背中のマッサージ 睡眠強化：マナーモードの目覚ましなど，騒音を減らす方法や，服薬のタイミングの再調整など，予定を調整する
動作困難	早期の運動：一日 3 回関節可動域の活性化を促す運動をする，カテーテルなど動きを阻害する道具の使用を最小限にする
視覚的な支障	視覚：メガネなどの視覚的補助具，拡大文字を使用した本などの適応機器
聴覚的な支障	聴覚：持ち運び式の音声拡張機器，耳垢除去など
脱　水	脱水：脱水と細胞外液の減少に早めに気づく（例　経口補水を促す）

（出所）Inouye et al.（1999）（一部改変）

コラム 1　軽い意識障害

軽度の意識障害は見逃されやすいため注意が必要である。原田（1997）は，症候性の「軽い意識混濁」の標識として，不注意による連続暗算の誤り（たとえば100から 7 を連続的に減算して答えを言わせる暗算をさせると 100−7＝83，83−7＝66 というように，計算そのものの誤りというよりも注意の集中・持続の障害によると思われる十位の桁の誤りが見られる)，単語の言い間違い，思考過程の粗雑さ，思考のまとまりの悪さ，感情障害（躁うつ的な気分変調，繊細な感情表出の欠如）などを挙げている。

可能となる。前駆症状としては，それまでと違ってどことなく落ち着きがない，いらいらしている，多弁になった，音や光に対して敏感になる，あるいはぼんやりしている，傾眠（昼間に強い眠気を感じて，たびたび居眠りをしてしまう）などが挙げられる（平沢・一瀬，1997)。イノウエ他（Inouye et al., 1999）はせん妄の危険因子とその介入の流れについてまとめている（表 11-2)。

1-3　注意の選択・維持・制御の障害とその治療・介入

注意欠如・多動症（Attention-Deficit Hyperactivity Disorder：ADHD）

世界的に見て ADHD の有病率は 5 %を少し上回る程度であり，ここ30年大きな変化はない（Polanczyk, Willcutt, Salum, Kieling, & Rohde, 2014）。児童での男女比は約5：1であり，成人になると男女比が1：1に近づく（Simon, Czobor, Bálint, Mészáros, & Bitter, 2009）。DSM-5（アメリカ精神医学会による精神疾患の診断・統計マニュアル）にあるように，ADHDの症状は不注意ミス，注意持続困難，課題遂行困難，忘れ物，注意の転導性などの**不注意**と，離席，落ち着かない感じ，多弁などの**多動性**，さらには失言，他人への干渉などの**衝動性**からなる（American Psychiatric Association, 2013 髙橋・大野監訳 2014）。

ADHDは生物学的・遺伝的要素のきわめて強い障害であり，生物学的な説明としては，**実行機能**に関連する前頭前野や報酬系さらには小脳の機能が障害されるとする説（triple pathway model（Sonuga-Barke, Bitsakou, & Thompson, 2010））や注意集中を要する場面で脳の「基底状態」とも言えるデフォルトモードネットワーク（default mode network：DMM[1]）が抑制されずに活性化してしまうデフォルトモードネットワーク抑制障害仮説がある（Sonuga-Barke & Castellanos, 2007）。

診断は基本的には注意深い問診により詳細に病歴を明らかにした上でDSM-5の診断基準に則って行う。診断の参考とするため各種の質問紙，WISCやWAISなどの知能検査や持続的注意集中を測定するContinuous Performance Testが頻用される。この際，主たる養育者ばかりでなく学校からの情報提供は貴重である。一般には教師は同年代の児童との比較に習熟しており，その情報は信頼でき，さらに，DSM-5の診断基準が二つ以上の状況で症状が見られることを求めるからである。また診断の際には，身体的（睡眠時無呼吸症），精神・心理的（不安障害，うつ病，学習障害，事故による近親者の負傷・死，環境の急激な変化，いじめ・虐待）にADHD様（よう）の状態像を呈するケースを除外する必要がある。精神医学的併存症には頻度の高いものとして，自閉スペクトラム症，学習障害，気分障害（うつ病・双極性障害），反抗挑戦性障

➡1　デフォルトモードネットワーク：複数の脳領域から構成されるネットワークの一つで，ぼんやりと安静状態にある脳が示す神経活動。様々な認知課題遂行中には活動が低下する。

コラム2 「見えないゴリラ」の実験とADHD

第1章3節でも取り上げられているが「見えないゴリラ」の実験という課題がある。白のTシャツを着たチームがバスケットボールをパスし，黒のTシャツを着たチームはそれを邪魔するという75秒の動画である。パスの数をカウントするのが研究参加者の課題である。

45秒が経過したところでゴリラの着ぐるみを着た人が5秒かけて画面を通り過ぎるという予期せぬ出来事が起きる。ビデオを観た後に「何か変なことが起きなかったか？」と研究参加者は尋ねられるが，なんと46％がゴリラに気づいていなかった。これはあるできごと（パスを数える）に注意を集中していると他のできごと（ゴリラの通過）に気づくことができないという非注意による見落とし（inattentional blindness）を示している（Simons & Chabris, 1999）。

さて，注意の選択や持続に困難のあるADHDではどうなるだろうか？ 意外なことに，ADHD群の方が定型発達群よりも，ゴリラに気づく率が有意に高かった上に，パスの回数もより正確に当てた。この実験をした研究者らはこれをもってADHDの障害モデルに疑問を呈し，「農民社会の中の狩猟民（hunter vs farmer）」仮説（多くの地域で移動性の狩猟民の生活から定住性の農民の生活に移る中で，ADHDでは狩猟民にとっては長所となりうる「リスクの高い行動」，「独創性」，「刺激の希求」，「注意の転導性」，「短い集中時間」といった特徴を色濃く残しているとする仮説）を支持している（Grossman, Hoffman, Berger, & Zivotofsky, 2015）。

害・行為障害，チック障害などがある。

治療は状態像にもよるが，まずは心理社会的なアプローチを試みるべきである。心理社会的な介入には一般的な環境調整，カウンセリングの他，ペアレント・トレーニング，コーチング，行動変容アプローチ，家族療法（支援），当事者グループなどがある。これらが奏功しない場合には薬物療法を考慮する。薬物療法は，神経伝達物質の一種であるカテコールアミンの神経終末への再取り込みを阻害する中枢刺激薬や選択的なノルアドレナリン再取り込み阻害薬であるアトモキセチンなどが使用される。これらの薬物に効果があるという事実は，ADHDはノルアドレナリンやドーパミンを中心とした中枢性カテコールアミンの調整障害が原因であるという仮説と整合性がある。

心理社会的なアプローチにあたり，ADHDは複数の意味できわめて不均質な障害であることを念頭におくべきである。ADHDは原因が一つとは限らず，症状も多彩なこと（ADHDには不注意，多動・衝動性，あるいは両方の三つのサ

コラム3　ワーキングメモリ・トレーニング

コンピューター上のワーキングメモリ・トレーニングによりADHDをもつ児童のワーキングメモリの能力のみならずADHDの症状も改善する，という論文が発表されてからワーキングメモリ・トレーニングへの期待が高まり，数々の追試が行われてきた（Klingberg, Forssberg, & Westerberg, 2002）。ワーキングメモリ機能（容量）自体を高めることを目指すコア・トレーニングではNバック課題（第10章3節も参照）が使われることが多い。メタ分析の結果，残念ながら遠転移（トレーニングしていない認知機能を使う課題の得点が高くなる）は見られず，トレーニング終了数か月の時点で近転移（トレーニング課題以外のワーキングメモリ課題成績が高くなる）も消失してしまう。坪見・齊藤・苧阪・苧阪（2019）は，認知機能全体や学業機能全般など，文脈と切り離した機能を高めようとするよりは，場面に即した具体的な内容をトレーニングする方が効果的だと指摘している。いわゆる「脳トレ」でも同様に近・遠転移に否定的な論文が提出されており（Owen et al., 2010），現時点ではワーキングメモリ・トレーニングの効果に過剰な期待をかけすぎない方がよい（ワーキングメモリについては第6章・第10章も参照）。

ブタイプがある），年齢や環境によって症状が変化すること，さらに精神医学的な併存障害を有する率が非常に高く，その併存の仕方が様々である。そのため，それぞれのサブタイプで，また環境要因の影響度によって介入の仕方が大きく変わる（武田，2008）。

1-4　方向性注意の障害

半側空間無視

右半球は注意を左右両空間に向けることができるが，左半球は右空間にしか注意を向けられない（注意機能の側性化）。そのため半側空間無視は右半球（とくに頭頂葉と側頭葉の境界部）が損傷したときに起こりやすい。特徴的な症状として，損傷のある脳半球の反対側に気づかなくなる。右半球が障害された場合，日常生活上では，左側に置かれた食器には手をつけない，あるいは洗顔時に顔の左側を拭かないことがある。また臨床検査上も線分二等分課題（水平な線の真ん中に印をつけさせる課題）や模写課題（花の絵が描かれた手本を呈示して，白紙に同じ花を書き写してもらう課題）で左側空間を無視した所見が得られる。半側空間無視は，視野の欠損のような，感覚入力の段階での問題がなくても生じるため，注意の障害と考えられている（河原，2010）。

2　記憶の障害

2-1　記憶障害とは

記憶を構成する要素として記銘，保持，想起，再認があり，どの過程が障害されても記憶障害が生じる。過去の経験が保持されていながら想起できない場合を想起障害といい，器質脳障害によるものと心因性のものがある。健忘（amnesia）とは，一定の事実や一定の期間内のことを想起できないことをいい，逆向健忘は受傷・発症以前の期間にまでさかのぼって健忘が起きる場合で，前向健忘はある時点から後のことを想起できない場合である（大熊，2013）。記銘減弱は記銘力の障害で，新しいことを記銘できない。この場合，古い出来事は思い出せるから，保持力，想起力は保たれている。記銘減弱は意識障害や慢性器質脳障害などに見られる。ここでは慢性器質脳障害の中でももっとも頻度が高い（老年期）認知症について詳述する。

認知症

認知症は，認知機能障害により，判断力が低下して，社会生活機能が障害された状態である。65歳以上の高齢者の認知症の平均有病率は５～15％である（武田・溝口・松岡・繁田，2017）。現在，日本の高齢者比率は28％であり，未曾有の超高齢化社会をすでに迎えており，これからも総人口が減少する中で社会の高齢化は進行し，2060年には高齢化率が40％に達すると予測されている（武田他，2017）。認知症の最大のリスクファクターは加齢であり，原因疾患のちがいによって，アルツハイマー型認知症，前頭側頭型認知症，レビー小体型認知症，血管性認知症，パーキンソン病認知症などがあるが，認知症の過半数はアルツハイマー型認知症である。

アルツハイマー型認知症

初老期・老年期に見られることが多い大脳皮質のダメージを主な原因とする認知症であり，（アルツハイマー型認知症そのものは）意識障害を認めないが，ゆるやかに進行する認知機能低下と，感情・意欲障害，人格障害，行動障害が見られる。初期には側頭葉内側面（海馬など）に対応する数分・数時間〜数か月の記憶である**近時記憶の障害**が見られるが，大脳に広範な病変をきたすに従って，その他の認知機能の低下と失語，失行，失認などの症状を認める。認知機能障害の中心となるのは記憶障害である。他に思考・判断力の障害が見られ，物事を計画したり，組織立ててものを考えたり，抽象的な思考をしたりできなくなる。時間や場所，人などの判断がつかなくなる**見当識障害**はせん妄のみならず，認知症においても見られる。見当識障害の出現パターンには特徴があって，まず，時間（今日は何月何日，何時ごろ，季節），次いで場所（今，いる場所はどこ）の見当識が障害される。人物に関する見当識（目の前の人は誰）の障害はもっとも進行した段階において見られる。（三好，1997）

2-2　認知症の治療――アルツハイマー型認知症を中心に

アルツハイマー型認知症に対する治療薬としてアセチルコリンエステラーゼ阻害薬を中心とした薬剤があり，認知機能の悪化の遅延には有効であるが，疾患を根治することはできない[2]。非薬物的な治療としては**認知リハビリテーション**があり，内的なアプローチとしては注意・実行機能・記憶訓練やソーシャルスキルトレーニング（social skills training），そして外的なアプローチとしては記憶補助手段を活用する方法がある。

認知症の行動・心理症状（behavioral and psychological symptoms of dementia：BPSD）は，拒絶，不穏，興奮，暴言，暴力，徘徊，性的逸脱行為，つきまといなどの行動症状と，不安，焦燥，うつ状態，幻覚，妄想，誤認などの心理症状がある。アルツハイマー型認知症の初期3年間の経過でBPSDが見られなかった例は8.5%に過ぎなかったという報告もある。わが国の認知症施策推進総合戦略（新オレンジプラン）でも認知症の実態に応じた適切な医療・介護などを提供するにあたり，BPSDや身体合併症への適切な対応が緊迫した課題と

➡2　認知症の中には特発性正常圧水頭症など症状改善の可能性のある病態もあるので要注意。

されている。BPSD に対する非薬物的な介入には当人の抱える不安や喪失感を理解し，介護環境を知り，適切なリハビリテーションやケアを提供し，介護者を支えるといった，多職種での協働が求められる。その基本は，当人を全人的にとらえ，人や社会とのつながりの中で，その人らしさを尊重してケアを行うという，キットウッド（Kitwood, T.）が提唱したパーソン・センタード・ケアの概念である（参考：ユマニチュード[3]）。非薬物療法には上述した認知リハビリテーションに加えて，回想法，音楽療法，運動療法などがある。非薬物療法が奏功しない場合には薬物療法も併用するが，高齢者では副作用が生じやすく転倒，過鎮静などのリスクにつながりやすいことに留意すべきである（山下・天野，2008）。なお，BPSD には含まれないが，すでに前節で取り上げたせん妄の頻度も認知症では高い。

軽度認知障害（mild cognitive impairment：MCI）は「同年齢の人と比べて認知機能低下を認め，正常とはいえないが，認知症の診断基準は満たさないレベル」の臨床症候群であり，原因疾患や背景に存在する病理は様々である。DSM-5では Mild Neurocognitive Disorder が MCI に該当する。標準化された神経心理検査などを用いて，記憶，注意，実行機能などを評価し，自立を阻害しない軽度の認知機能低下が客観的に認められた場合，MCI と診断される。MCI の有病率は高齢者で３～42％であるが，認知症への進展は１年に５～15％，正常への診断変更は１年に14～41％とされており，診断カテゴリー自体が不安定なものであることに留意する必要がある（日本神経学会，2017）。

3　思考の障害

思考とは，感性から与えられた材料を統合し，対象の本質や諸側面の関連を

➡3　ユマニチュード：パーソン・センタード・アプローチとは厳密には異なるが「人間らしさを取り戻す」という意味をもつケアの技法。「見る」「話す」「触れる」「立つ」をケアの四つの柱とし，ケアを一つの物語のように一連の手順で完成させる「ケアの五つのステップ」で構成される。

把握し，概念を形成して判断や推理を行う人間の心的機能である（北村，2013）（第８章も参照）。ここでは，思考の障害として統合失調症と思考内容の偏りが精神衛生に影響を与えるうつ病について取り上げる。

3-1　統合失調症

統合失調症は総人口の約１％弱が一生のうちにかかるとされており，症状には健康時にはないはずのものがある**陽性症状**として幻覚，妄想，自我障害が，健康時にあるはずのものがない**陰性症状**として意欲低下，感情鈍麻，閉じこもり（自閉）がある。生物学的な要因としてドーパミン過剰説やストレス脆弱説がある。

思考障害は，思考の流れ・まとまりの障害，思考のありかた・体験の障害および思考内容の障害に分けられるが，統合失調症においてはこの三つの障害が見られることが多い。

思考の流れ・まとまりの障害としては，思考滅裂が挙げられ，軽い場合は連合弛緩といい，話が飛躍したり途中で省略されたりする。重度になると言葉のサラダと言われるように，本来の意味が勝手に変えられ，無意味な語や文の羅列になる。また思考途絶のように思考の流れが突然に遮断される現象も見られる。

思考のあり方・体験の障害としては「させられ思考」があり，思考の主体性が失われ，他人の考えが押し入ってくる（**考想吹入**），自分の考えを抜き取られる（**考想奪取**），考えを知られてしまう（**考想察知**）といった症状がある。**考想伝播**は，考えるそばから内容が他人に伝わると確信する体験をさす。

思考内容の障害としては，**（真性）妄想**がある。**妄想気分**（何かが起こったという，漠然としているが不安ないし高揚した緊迫感を伴う変容感），**妄想知覚**（外界の実際の知覚への誤った意味づけ），**妄想着想**（突然に何の媒介もなく「自分は王の子である」「あとをつけられている」などの誤った観念が浮かび，これを確信する），**被害妄想**（他人から嫌がらせをされる，危害を加えられると思い込む），**誇大妄想**（自分の能力や価値を過大評価する）などが含まれる。妄想は不合理な内容，病的な確信，**訂正不能**，**発生的了解不能**（患者の立場に立ってみても，なぜその信念が出現したのか了解できない）で特徴づけられる。

統合失調症の治療は基本的にはドーパミン過剰説に依拠した抗精神病薬が主体となるが，従来のソーシャルスキルトレーニング（social skills training）に加えて，最近では統合失調症に特徴的な認知バイアス（例：心の理論を含む他者感情や文脈の認知の偏り，原因帰属のバイアス，結論の飛躍バイアス，確証／情報収集バイアス）について心理教育を行う認知行動療法（石垣，2013）やオープンダイアローグといった非薬物的介入も注目を集めている（Seikkula & Olson, 2003）。

3-2　うつ病

うつ病とは

DSM-5が作られる前，日本のDSM-IVの診断基準（クライテリア）による大うつ病性障害の12か月有病率は2.2%，生涯有病率は6.5%と報告されており，うつ病の社会へのインパクトは甚大で公衆衛生上の大きな問題である（Demyttenaere et al., 2004；Sado et al., 2011）。うつ病の症状としては，DSM-5によると，抑うつ気分，興味または喜びの減退，体重減少・増加，不眠・過眠，精神運動焦燥・制止，疲労感・気力の減退，無価値感・罪責感，思考力・集中力の減退または決断困難，自殺念慮・企図が挙げられる。うつ病の発症のメカニズムとしては，セロトニンやノルアドレナリンなどの神経伝達物質に着目したモノアミン（欠乏）仮説や視床下部―下垂体―副腎皮質系障害仮説（たとえば，セリエ（Selye, H.）の汎適応症候群）などの生物学的なものもあるが，ここでは認知（思考やイメージ）に注目し，うつ病の介入方法として重要な位置を占める**認知行動療法**（Cognitive Behavioral Therapy：**CBT**）の中核的な論理的枠組みである認知モデルに従って自動思考について説明する。

うつ病の非適応的認知（思考）

認知モデルでは「感情，行動，生理的な反応（動悸，発汗など）に影響を及ぼすのは，状況それ自体ではなく，その状況に対する解釈の仕方である」と想定されている。そして状況の解釈はしばしば**自動思考**（automatic thought）という形で表現される。自動思考とは一連の思考の流れのことであるが，心理的な機能不全に陥っていない人が自動思考を自覚した場合，半ば無意識的に，その自動思考に対して現実検討を行う。一方，心理的に苦悩している人は，この種の客観的な検討が難しくなっている。ベック（Beck, 2011 伊藤・神村・藤澤訳 2015）によると，例として，読書中「自分には理解できないかもしれない」といった自動思考を抱いて，かすかな不安を覚えても，意図することなく自然に，「少しは理解できるだろう。ここをもう一度読み返してみよう」と考えると，生産的に対応することができる。しかし，「私はけっしてこれを理解できないだろう」とさらに極端な方向に思考を展開してしまい，この思考を真実とみなすと，強い悲しみを感じてしまう。このような**非適応的な思考**の典型例として，全か無か思考（黒か白か思考），破局視（運命の先読み），過度の一般化などがあり，個人の感情，行動，生理的な反応に対してネガティブな影響をもたらし，長期的には個人の精神衛生に悪影響を与える（Beck, 2011 伊藤他訳 2015）。

うつ病の治療

欧米のガイドラインでは，中等症から重症の場合には，モノアミン仮説に則った抗うつ薬が推奨されているが，軽症から中等症の場合は上述の薬物療法か，CBT や対人関係療法といった精神療法のどちらかを単独で試行することが推奨されている。

2012年に発表された日本うつ病学会ガイドラインでは，軽症例では全例に心理教育を実施したうえで支持的精神療法を行うことを推奨しており，さらなるアプローチが必要な際には，新規抗うつ薬か CBT を推奨している（渡邊, 2013）。

厚生労働省のうつ病の認知療法・認知行動療法の治療者用マニュアルによると，治療構造は基本的に，毎週30分以上のセッションを16回実施する。中盤のセッションで上述の自動思考を同定したうえでコラム表を使用し，自動思考の妥当性を検証し，認知の偏りに気づき，よりバランスのとれた思考を導入することが中核的な過程である（厚生労働省，2009）。

コラム4　笠原嘉のうつ病の小精神療法

笠原嘉のうつ病の小精神療法は，患者に①うつ病が病気であること，②休息が必要であること，③治る病気であること，④治療中に自殺をしないこと，⑤人生での大きな決定をしないこと，⑥治療過程で症状が一進一退することがあること，⑦服薬の重要性とその副作用，について説明する（笠原，2007）。医師は多かれ少なかれ，このようなアプローチ（治療教育）をした上で薬物療法をしている。そして高度経済成長期の担い手となったメランコリー親和型（几帳面，秩序愛，他者配慮性を特徴とする）の会社員のうつ病にはこれがよく奏功した。一方，現在の心理職がカウンセリングを依頼されるのは，このようなタイプではなさそうである。具体的には双極性障害を示唆する兆候や閾値下の（軽）躁症状も含めた幅広い気分障害に関する概念である双極スペクトラム，パーソナリティの偏り，発達障害などが併存するケース（診断閾値下の場合が多い）が予想される。つまり，カウンセリングの効果を増強するためにはこれらの併存に気づき，その対応を押さえておく必要がある。

老年期うつ病と認知症の鑑別

近年では（機能）画像検査の精度が増して，鑑別に役立つようになったとはいえ，老年期のうつ病と認知症の鑑別は困難で，心理職が鑑別のための認知機能のアセスメントを行う。そのため心理職は認知心理学と脳の病態生理学に習熟しておく必要がある。ただし，老年期うつ病と鑑別したケースでもその後，認知症に移行する症例によく出会う。うつ病が認知症化する背景にうつ病が改善しても実行機能，情報処理スピード，視空間能力などの障害が継続している場合が多くあることが指摘されている。

❖考えてみよう

認知が先か感情が先か：認知モデルでは，うつ病を「非適応的な自動思考がネガティブな感情を生む」と“自動思考ありき”で説明するが，実際には必ずしも状況→自動思考→感情の順で事が生じるわけではない。つまり自動思考が一次的なうつ病の原因と考えているわけではない。ではなぜ，そのようなモデルを採用するのだろうか。

もっと深く，広く学びたい人への文献紹介

Beck, J. S. (2011). *Cognitive behavior therapy: Basics and beyond* (2nd ed.). New

York: The Guilford Press.
（ベック，J. S.　伊藤 絵美・神村 栄一・藤澤 大介（訳）（2015）．認知行動療法実践ガイド：基礎から応用まで――ジュディス・ベックの認知行動療法テキスト――　第2版　星和書店）
☞認知行動療法に関する専門書であり9・11・12章で自動思考の把握・検討・対応について詳述されている。臨床でクライエントに接したときに出会うであろう困難についてのトラブルシューティングに関しても，実例を交えて多くのページを割いている。オリエンテーションを問わず多くの臨床家（を目指す人）に読んでもらいたい本。

中井 久夫・山口 直彦（2004）．看護のための精神医学　第2版　医学書院
☞「看護できない患者はいない」で始まる本書は，看護向けに書かれているが，精神病理学の泰斗が難解な精神病理学をかみ砕いて説明しており，患者の内的世界をイメージし，支援のアプローチを考える上であらゆる医療・心理関係者の参考になる。とくに統合失調症の経過の章は必読。「チームワークの条件は①自分の専門の実践能力があること，②協力者の専門のことばがわかり連絡と討論ができること，の二つである」は全ての病院臨床に関わる者にとっての要諦と言える。

引用文献

American Psychiatric Association (2013). *Diagnostic and statistical manual of mental disorders* (5th ed.). Washington, D.C.: American Psychiatric Publishing.
（日本精神神経学会（日本語版用語監修）髙橋 三郎・大野 裕（監訳）（2014）．DSM-5 精神疾患の診断・統計マニュアル　医学書院）

Beck, J. S. (2011). *Cognitive behavior therapy: Basics and beyond* (2nd ed.). New York: The Guilford Press.
（ベック，J. S.　伊藤 絵美・神村 栄一・藤澤 大介（訳）（2015）．第9章 自動思考を把握する　認知行動療法実践ガイド：基礎から応用まで――ジュディス・ベックの認知行動療法テキスト――　第2版（pp. 190-217）星和書店）

Demyttenaere, K., Bruffaerts, R., Posada-Villa, J., Gasquet, I., Kovess, V., Lepine, J. P., ... WHO World Mental Health Survey Consortium. (2004). Prevalence, severity, and unmet need for treatment of mental disorders in the World Health Organization World Mental Health Surveys. *Journal of the American Medical Association, 291* (21), 2581-2590.

Grossman, E. S., Hoffman, Y. S. G., Berger, I., & Zivotofsky, A. Z. (2015). Beating their chests: University students with ADHD demonstrate greater attentional abilities on an inattentional blindness paradigm. *Neuropsychology, 29* (6),

1-6.
原田 憲一 (1997). 意識障害を診わける　改訂版　精神科選書 2　診療新社
平沢 秀人・一瀬 邦弘 (1997). せん妄　三好 功峰・黒田 重利 (編)　器質・症状性精神障害　臨床精神医学講座　第10巻 (pp. 10-26)　中山書店
Inouye, S. K., Bogardus, S. T. Jr., Charpentier, P. A., Leo-Summers, L., Acampora, D., Holford, T. R., & Cooney, L. M. Jr. (1999). A multicomponent intervention to prevent delirium in hospitalized older patients. *New England Journal of Medicine, 340*(9), 669-676.
石垣 琢磨 (2013). 統合失調症の認知行動療法 (CBTp) ――CBTp の概略と欧米における現状――　精神経誌, *115*, 372-378.
笠原 嘉 (2007). 精神科における予診・初診・初期治療　星和書店
加藤 元一郎 (2009). 1. 全般性注意とその障害について　加藤 元一郎・鹿島 晴雄 (責任編集)　専門医のための精神科臨床リュミエール10　注意障害 (pp. 2-11)　中山書店
河原 純一郎 (2010). 第 7 章　注意と眼球運動　村上 郁也 (編)　イラストレクチャー　認知神経科学――心理学と脳科学が解く，こころの仕組み―― (pp. 114-115)　オーム社
北村 俊則 (2013). 精神・心理症状学ハンドブック　第 3 版　日本評論社
Klingberg, T., Forssberg, H., & Westerberg, H. (2002). Training of working memory in children with ADHD. *Journal of Clinical and Experience Neuropsycholgy, 24*, 781-791.
厚生労働省 (2009). うつ病の認知療法・認知行動療法治療者用マニュアル https://www.mhlw.go.jp/bunya/shougaihoken/kokoro/dl/01.pdf (2020年 7 月 5 日閲覧)
三好 功峰 (1997). Ⅱ 臨床症状　A. アルツハイマー型痴呆の臨床症状の特徴　三好 功峰・黒田 重利 (編)　臨床精神医学講座　第10巻　器質・症状性精神障害 (pp. 92-95)　中山書店
日本神経治療学会 (2009). 脳卒中治療ガイドライン2009
日本神経学会 (監修) (2017). 認知症疾患診療ガイドライン2017　医学書院
大熊 輝雄 (2013). 現代臨床精神医学　改訂第12版　金原出版
太田 富雄・和賀 志郎・半田 肇 他 (1975). 急性期意識障害の新しい grading とその表現法 (いわゆる3-3-9度方式)　第 3 回脳卒中の外科研究会講演集 (pp. 61-69)
Owen, A. M., Hampshire, A., Grahn, J. A., Stenton, R., Dajani, S., Burns, A. S., Howard, R. J., & Ballard, C. G. (2010). Putting brain training to the test. *Nature, 465*(7299), 775-778.
Polanczyk, G. V., Willcutt, E. G., Salum, G. A., Kieling, C., & Rohde, L. A. (2014).

ADHD prevalence estimates across three decades: An updated systematic review and meta-regression analysis. *International Journal of Epidemiology, 43*, 434-442.

Sado, M., Yamauchi, K., Kawakami, N., Ono, Y., Furukawa, T. A., Tsuchiya, M., Tajima, M., Kashima, H.; WMH-J2002-2006 Survey Group. (2011). Cost of depression among adults in Japan in 2005. *Psychiatry and Clinical Neurosciences, 65*, 442-450.

Seikkula, J., & Olson, M. E. (2003). The open dialogue approach to acute psychosis: Its poetics and micropolitics. *Family Process, 42*, 403-418.

Simon, V., Czobor, P., Bálint, S., Mészáros, A., & Bitter, I. (2009). Prevalence and correlates of adult attention-deficit hyperactivity disorder: Meta-analysis. *British Journal of Psychiatry, 194*(3), 204-211.

Simons, D. J., & Chabris, C. F. (1999). Gorillas in our midst: Sustained inattentional blindness for dynamic events. *Perception, 28*, 1059-1074.

Sonuga-Barke, E., Bitsakou, P., & Thompson, M. (2010). Beyond the dual pathway model: Evidence for the dissociation of timing, inhibitory, and delay-related impairments in attention-deficit/hyperactivity disorder. *Journal of the American Academy of Child and Adolescent Psychiatry, 49*, 345-355.

Sonuga-Barke, E. J., & Castellanos, F. X. (2007). Spontaneous attentional fluctuations in impaired states and pathological conditions: A neurobiological hypothesis. *Neuroscience & Biobehavioral Reviews, 31*, 977-986.

武田 雅俊・溝口 幸枝・松岡 義明・繁田 雅弘 (2017). 超高齢社会における精神科診療と認知症者への対応　臨床精神医学, *46*, 1305-1309.

武田 俊信 (2008). 注意欠陥多動性障害　牛島 定信・村瀬 嘉代子・中根 晃（編）詳解　子どもと思春期の精神医学 (pp. 562-572)　金剛出版

坪見 博之・齊藤 智・苧阪 満里子・苧阪 直行 (2019). ワーキングメモリトレーニングと流動性知能――展開と制約――　心理学研究, *90*, 308-326.

渡邊 衡一郎 (2013). 精神科外来臨床における非薬物療法的アプローチの位置づけと期待――うつ病を例に――　総合病院精神医学, *25*, 262-267.

山下 功一・天野 直二 (2008). 3章　認知症の症候学B. BPSDとその対応　日本認知症学会（編）認知症テキストブック (pp. 70-80)　中外医学社

索　引

あ 行

か 行

さ　行

た　行

な　行

は　行

ま　行

や　行

ら　行

わ　行

アルファベット

《監修者紹介》

川畑直人（かわばた　なおと）

京都大学大学院教育学研究科博士後期課程中退　博士（教育学）

William Alanson White Institute, Psychoanalytic Training Program 卒業

公認心理師カリキュラム等検討会構成員，同ワーキングチーム構成員

公認心理師養成機関連盟　事務局長

現　在　京都文教大学臨床心理学部　教授　公認心理師・臨床心理士

主　著　『対人関係精神分析の心理臨床』（監修・共著）誠信書房，2019年

『臨床心理学――心の専門家の教育と心の支援』（共著）培風館，2009年　ほか

大島　剛（おおしま　つよし）

京都大学大学院教育学研究科修士課程修了

17年間の児童相談所心理判定員を経て現職

現　在　神戸親和大学文学部心理学科　教授　公認心理師・臨床心理士

主　著　『発達相談と新版Ｋ式発達検査――子ども・家族支援に役立つ知恵と工夫』（共著）明石書店，2013年

『臨床心理検査バッテリーの実際　改訂版』（共著）遠見書房，2023年　ほか

郷式　徹（ごうしき　とおる）

京都大学大学院教育学研究科博士後期課程修了　博士（教育学）

現　在　龍谷大学文学部　教授　臨床発達心理士・学校心理士

主　著　『幼児期の自己理解の発達――３歳児はなぜ自分の誤った信念を思い出せないのか？』（単著）ナカニシヤ出版，2005年

『心の理論――第２世代の研究へ』（共編著）新曜社，2016年　ほか

《編著者紹介》

萱村俊哉（かやむら　としや）

大阪市立大学大学院生活科学研究科後期博士課程修了　学術博士

現　在　武庫川女子大学心理・社会福祉学部　教授　公認心理師・臨床発達心理士

主　著　『発達の神経心理学的評価――学習障害・MBD の診断のために』（単著）多賀出版，1997年

『教室における「気になる子どもたち」の理解と支援のために――特別支援教育における発達神経心理学的アプローチ』（単著）ナカニシヤ出版，2012年

郷式　徹（ごうしき　とおる）

＊監修者紹介参照

《執筆者紹介》

萱村俊哉（かやむら　としや）編者，序章，第５章
武庫川女子大学心理・社会福祉学部　教授

郷式　徹（ごうしき　とおる）編者，序章，第10章
龍谷大学文学部　教授

三好智子（みよし　さとこ）第１章
武庫川女子大学心理・社会福祉学部　助教

森　数馬（もり　かずま）第２章
国立研究開発法人量子科学技術研究開発機構・量子生命科学研究所　研究員

石倉健二（いしくら　けんじ）第３章
兵庫教育大学大学院学校教育研究科　教授

綾部早穂（あやべ　さほ）第４章
筑波大学人間系　教授

小川　緑（おがわ　みどり）第４章
筑波大学人間系　特任助教

宮原道子（みやはら　みちこ）第６章
大阪観光大学観光学部　准教授

杉森絵里子（すぎもり　えりこ）第７章
早稲田大学人間科学学術院　准教授

中村紘子（なかむら　ひろこ）第８章
東京電機大学理工学部日本学術振興会　特別研究員

眞嶋良全（まじま　よしまさ）第９章
北星学園大学社会福祉学部　教授

坂田陽子（さかた　ようこ）第10章
愛知淑徳大学心理学部　教授

武田俊信（たけだ　としのぶ）第11章
龍谷大学心理学部　教授

公認心理師の基本を学ぶテキスト⑦
知覚・認知心理学
――「心」の仕組みの基礎を理解する――

2021年5月30日　初版第1刷発行　〈検印省略〉
2024年1月20日　初版第2刷発行

定価はカバーに
表示しています

監修者　川畑直人
　　　　大島　剛
　　　　郷式　徹
編著者　萱村俊哉
　　　　郷式　徹
発行者　杉田啓三
印刷者　田中雅博

発行所　株式会社　ミネルヴァ書房
607-8494　京都市山科区日ノ岡堤谷町1
電話代表　(075)581-5191
振替口座　01020-0-8076

創栄図書印刷・坂井製本

ISBN978-4-623-08709-9
Printed in Japan